ADMIS FONCTION PUBLIQUE

CONCOURS 2022 - 2023

6e édition

POLITIQUES SOCIALES

Catégories A et B

Cours, actualité et QCM en 38 fiches

Christelle Jamot-Robert
Directrice de fédération départementale de syndicats agricoles

Rémi Pérès
Professeur d'économie en classes préparatc

Vuibert

ISSN : 2114-9305
ISBN : 978-2-311-21280-8

Conception de la couverture : Séverine Tanguy
Conception de la maquette : Sébastien Mengin et Séverine Tanguy
Composition : So'Graph

Site Internet : http://www.vuibert.fr

Sommaire
pour se repérer

PARTIE 4 La politique en faveur des aînés

PARTIE 5 La politique en faveur de la famille et de l'enfance

PARTIE 6 La politique en faveur de l'emploi et de la lutte contre l'exclusion

PARTIE 7 Les politiques de la ville et du logement

Présentation de l'ouvrage

Pour nombre de Français, le « champ social » est une nébuleuse dont ils connaissent peu de choses, sauf celles qui les touchent à titre individuel.

Cet ouvrage vise à démythifier ce domaine, en proposant de l'appréhender de façon simple et pédagogique. Il est une base d'apprentissage ou de révision pour les candidats aux examens et aux concours administratifs de catégories A, B ou exceptionnelle : il est adapté aux candidats préparant spécifiquement les concours sociaux et sanitaires (École nationale de la Sécurité sociale, École des hautes études en santé publique), les concours généralistes proposant une épreuve spécialisée (Ena, administrations territoriales, IRA, attaché territorial, etc.). Il peut accompagner les étudiants préparant des diplômes dans la sphère sanitaire et sociale. D'une manière générale, son sommaire est suffisamment large pour qu'il complète utilement la culture générale non seulement des étudiants et candidats aux concours administratifs, mais aussi de toutes les personnes qui pour les besoins de leur profession (journalistes, décideurs, « influenceurs », etc.) ont besoin de comprendre les ressorts de notre État-Providence.

Des QCM d'évaluation sont proposés pour permettre aux candidats de faire l'inventaire de leur savoir et de détecter leurs carences éventuelles, pour concentrer leurs efforts et gagner du temps.

Les connaissances présentes dans cet ouvrage devront être enrichies au quotidien par le suivi de l'actualité sociale, toujours très riche, et largement relayée par les médias.

QCM d'auto-évaluation

1 Les premières grandes lois sociales françaises ont été édictées :

- ❍ a. Après la Révolution.
- ❍ b. Sous la IIIe République.
- ❍ c. Sous la IVe République.

2 Qui a édicté les fondements de la protection sociale allemande, dont la France s'est inspirée pour créer son propre modèle ?

- ❍ a. Bismarck.
- ❍ b. Guillaume Ier.
- ❍ c. Guillaume II.

3 En application du rapport Beveridge, la Grande-Bretagne s'est dotée après la guerre :

- ❍ a. D'un système public de protection sociale, financé par l'impôt.
- ❍ b. D'un système privé de protection sociale financé par les cotisations sociales.
- ❍ c. D'un système mixte.

4 L'aide sociale à l'enfance est une compétence dévolue :

- ❍ a. À des associations caritatives.
- ❍ b. Aux communes.
- ❍ c. Aux conseils départementaux.
- ❍ d. Aux conseils régionaux.

5 Le RSA est :

- ❍ a. Attribué par la CAF.
- ❍ b. Attribué par la préfecture.
- ❍ c. Sous la responsabilité du conseil départemental.

6 Le texte fondateur de la Sécurité sociale est :

- ❍ a. L'ordonnance du 4 octobre 1945.
- ❍ b. La Constitution du 27 octobre 1946.
- ❍ c. La loi du 8 avril 1898.

7 Le chômage est l'un des risques couverts par la Sécurité sociale :

- ❍ a. Vrai.
- ❍ b. Faux.

8 Les dépenses de protection sociale en France :

- ❍ a. Augmentent.
- ❍ b. Diminuent.
- ❍ c. Sont stables.

9 La CSG est la principale source de financement de la Sécurité sociale en France :

- ❍ a. Vrai.
- ❍ b. Faux.

⑩ 4 % de la population en France consomme 50 % des dépenses prises en charge par l'Assurance maladie :

- ❍ a. Vrai.
- ❍ b. Faux.

⑪ Le nombre de personnes âgées dépendantes est estimé en France :

- ❍ a. 400 000 personnes.
- ❍ b. 1,4 million de personnes.
- ❍ c. 3,4 millions de personnes.

⑫ La Sécurité sociale des artisans et commerçants est gérée par :

- ❍ a. Le Régime social des indépendants.
- ❍ b. Le Régime général de la Sécurité sociale.
- ❍ c. L'État.

⑬ Le projet de réforme des retraites prévoit :

- ❍ a. Une caisse nationale de retraite unique et publique.
- ❍ b. Des règles unifiées de calcul des retraites pour toutes les professions.
- ❍ c. La suppression du calcul de la retraite sur la base du salaire des 25 meilleures années.

⑭ La CNSA est :

- ❍ a. La Caisse nationale de solidarité pour l'autonomie.
- ❍ b. La Caisse des non-salariés agricoles.
- ❍ c. La Caisse nationale sociale des avocats.

⑮ Le « rapport Libault » paru début 2019 préconise :

- ❍ a. Une réforme de l'Assurance maladie.
- ❍ b. Une réforme des allocations logement.
- ❍ c. Une réforme de la prise en charge des personnes âgées dépendantes.

☑ Corrigé

1. **b.** ; 2. **a.** ; 3. **a.** ; 4. **c.** ; 5. **a.** et **c.** ; 6. **a.** ; 7. **b.** ; 8. **a.** ; 9. **b.** ; 10. **a.** ; 11. **b.** ; 12. **b.** ; 13. **a.**, **b.**, **c.** ; 14. **a.** ; 15. **c.**

PARTIE 1

Les **acteurs** et le **financement** des **politiques sociales**

FICHE 1. Les politiques sociales : introduction

La politique sociale, instrument de l'État, a pour objectif premier d'**organiser la société et les rapports entre ses membres.**
Les « politiques sociales » sont au cœur de nombreuses problématiques : thème privilégié du débat politique au niveau national, elles participent aussi de notre vie quotidienne : en tant que citoyen, administré ou assuré social, nous payons des cotisations sociales, recevons des prestations, bénéficions d'actions sanitaires ou sociales de nature privée ou publique... Nous « vivons » donc les politiques sociales au quotidien sans en avoir pleinement conscience !

1. Des fondements très anciens

• Au XVIIIe siècle, les philosophes des Lumières et notamment J.-J. Rousseau ont formalisé le concept de « Contrat social ». L'objectif primaire d'organisation sociale a été décliné, au fil des siècles, en de nombreux objectifs secondaires, impliquant plusieurs formes d'interventions de l'État : de la répression (la lutte contre la mendicité pour préserver l'ordre social, l'un des éléments fondateurs du « Contrat ») aux politiques apportant un réel progrès social et qui ont progressivement constitué le socle de « **l'État-Providence** ».
Dans le ***Contrat social***, J.-J. Rousseau estime que la société doit à l'individu une protection sociale, en contrepartie de l'aliénation de sa liberté individuelle au profit de l'ordre social établi.

• Plusieurs penseurs français du XIXe siècle ont proposé à leurs compatriotes des projets sociaux qui faisaient une place inégale à l'intervention de l'État : contrairement à L. Blanc, qui défendait un programme de réformes socialistes s'appuyant sur l'État, P. J. Proudhon s'affirma comme le père de l'anarchisme, du mutualisme et du syndicalisme ouvrier en France, et proposa une « réforme sociale » où l'État n'avait pas sa place. F. Le Play anima un autre courant de pensée, favorable au catholicisme social, où l'initiative sociale devait davantage relever des propriétaires et du patronat.

• Au milieu du XIXe siècle, il faut donc chercher hors de nos frontières les premiers fondements de l'État-Providence. Ainsi, **Bismarck**, en Allemagne, donne à l'État une véritable fonction sociale.

• À la fin de ce même siècle, **la IIIe République** en posera les fondements en France, en promouvant les **premières grandes lois sociales** : amélioration des conditions de travail des femmes et enfants à partir de 1898, sous l'influence tardive du rapport Villermé (1840) ; protection contre les grandes épidémies et création de l'aide médicale gratuite en 1893, d'une assistance à l'enfance abandonnée en 1904, et d'un minimum vital pour les vieillards en 1905.

• Mais le champ social ne se réduit pas à la « politique sociale », instrument de l'État. Il intègre de multiples autres actions et **intervenants de statut privé**, qui constituent l'autre pilier de la « **protection sociale** ». L'origine de leur action est plus ancienne encore que celle de l'État : des associations d'entraide existaient dès l'Antiquité, relayées plus tard par les institutions religieuses – fondatrices d'orphelinat, d'hôpitaux, de léproseries –, puis les corporations, mutuelles, coopératives, syndicats. Sans oublier la toute première des « associations » d'entraide : la cellule familiale !

• Aucun acteur n'a le monopole du social. Les pays qui ont voulu en faire l'expérience ont manqué de progrès social : c'est le cas des États totalitaires marxistes, malgré les moyens considérables investis dans les structures collectivistes censées supprimer les inégalités ; quant aux États ultra-libéraux, qui ont abandonné le champ social aux acteurs privés, ils n'ont jamais pu soutenir strictement cette politique face aux exigences de l'électorat, inquiet de l'exacerbation des inégalités : en témoigne la réforme du système de santé menée aux États-Unis par B. Obama, fruit d'une interminable bataille politique, qui devait permettre aux Américains les moins fortunés d'accéder aux soins avant sa remise en cause par D. Trump.

2. Les fondements des politiques sociales actuelles

• Les politiques sociales prennent donc leur sens moderne dès la fin du XIXe siècle. L'État-Providence s'édifie progressivement, son ambition grandissant au fur et à mesure que s'étoffent les exigences du corps électoral en matière de progrès social, intégrant désormais les objectifs les plus variés : la lutte contre la pauvreté, mais aussi la prévention sanitaire pour éradiquer les grandes épidémies, les premières assurances sociales pour les salariés (1928), le soutien à la natalité (le Code de la famille est très opportunément créé en 1939, période à laquelle la natalité est au cœur d'enjeux stratégiques), le maintien de la paix sociale pour favoriser le développement économique, etc.

• Le développement économique né de la révolution industrielle (1830-1860) et contrarié par les grandes crises (1880-1905 et 1929-1945), qui connaît un rythme sans égal durant les Trente Glorieuses (1945-1973), n'est pas étranger à l'évolution de la notion de « progrès social » dans la conscience collective. Son acception ne se limite plus à l'assistance, mais est étendue à la satisfaction de nouveaux besoins sociaux : la production de masse favorise en effet le développement d'une consommation de masse. Parallèlement, des réponses sont progressivement apportées aux nouvelles problématiques sociales :
– vieillissement de la population alors que l'individualisme devient le mode de vie « consacré » et que les familles ne souhaitent plus prendre en charge les parents âgés ;
– développement de l'activité professionnelle des mères de famille ;
– aléas de la croissance économique et précarisation des emplois ;
– exigences plus fortes des individus pour préserver leur « capital-santé » ;
– vieillissement des cités reconstruites après la guerre, etc.

• Les acteurs sociaux ont relevé le pari d'adapter les politiques sociales à l'évolution constante de ces besoins en France comme en Allemagne (dès la fin du XIXe siècle) ou en Angleterre dans les années 1940 (fiche 2).
La France l'a inscrit dans le préambule de la Constitution de 1946, puis a adhéré à la Déclaration universelle des droits de l'Homme de 1948.

Les textes fondateurs

Pierre Laroque est considéré comme le père fondateur de la Sécurité sociale en France. Rentré en France en juin 1944 avec le Général de Gaulle, il est nommé directeur général des Assurances sociales et prend une part considérable à la rédaction des ordonnances fondant la Sécurité sociale.

Préambule de la Constitution du 27 octobre 1946 (auquel se réfère la Constitution actuelle) :
« La Nation assure à l'individu et à la famille les conditions nécessaires à leur développement. Elle garantit à tous, notamment à l'enfant, à la mère et aux vieux travailleurs, la protection de la santé, la sécurité matérielle, le repos et les loisirs. Tout être humain qui, en raison de son âge, de son état physique ou mental, de la situation économique, se trouve dans l'incapacité de travailler a le droit d'obtenir de la collectivité des moyens convenables d'existence. »

Déclaration universelle des droits de l'homme du 10 décembre 1948

Article 25 : « Toute personne a droit à un niveau de vie suffisant pour assurer sa santé, son bien-être et ceux de sa famille, notamment pour l'alimentation, l'habillement, le logement, les soins médicaux ainsi que pour les services sociaux nécessaires : elle a droit à la sécurité en cas de chômage, de maladie, d'invalidité, de veuvage, de vieillesse ou dans les autres cas de perte de ses moyens de subsistance par suite de circonstances indépendantes de sa volonté.
La maternité et l'enfance ont droit à une aide et à une assistance spéciales. Tous les enfants, qu'ils soient nés dans le mariage ou hors mariage, jouissent de la même protection sociale. »

3. Des moyens financiers considérables

- La création de la Sécurité sociale impliquait la mise en œuvre de moyens pharaoniques et l'investissement d'acteurs nombreux et de statuts divers.

- De fait, aujourd'hui, les **comptes sociaux de la Nation** (fiche 7) représentent une masse financière bien plus importante que le budget de l'État français ! Ce constat, rapporté à l'évaluation de l'efficience des politiques sociales, donne du grain à moudre aux détracteurs de l'État-Providence, cette froide mécanique qui générerait plus d'effets pervers – accoutumance des individus à l'assistanat, perte de compétitivité des entreprises françaises à cause du poids des charges sociales, etc. – que de bien-être social.

- Aussi la notion d'État-Providence est-elle « revisitée » au profit soit d'une conception plus libérale et réputée moins coûteuse, soit de la « société du care » : l'objectif est de réintroduire des logiques collectives (de « soin mutuel ») au profit des personnes vulnérables, dans une société jugée trop individualiste et marchande. Pour l'**État social actif**, l'objectif n'est plus d'agir de façon curative en déployant un arsenal d'allocations, après l'apparition d'un risque social. Gosta Esping-Andersen met l'accent sur la prévention des risques sociaux :
– en assurant le financement des systèmes sociaux et en permettant massivement aux femmes d'entrer sur le marché du travail ;
– en prenant en charge précocement les enfants pour réduire l'inégalité des chances ;
– en contenant les inégalités de revenu entre les retraités.

La protection sociale doit donc être entendue comme un investissement social utile aux générations actuelles et futures. La crise de la Covid-19 a conduit à accélérer la réflexion sur une mutation nécessaire des politiques sociales : les politiques à l'égard de la santé, du logement, de l'emploi… sont ainsi revisitées.

Les comptes sociaux de la nation en 2020

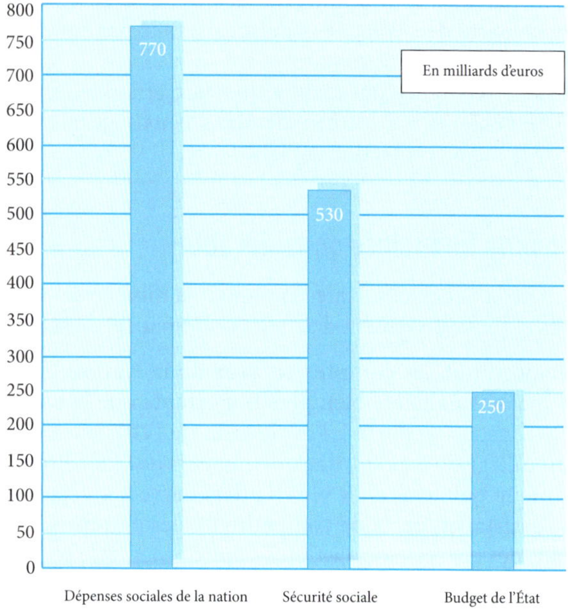

CONSEIL DU FORMATEUR

À l'issue de cette fiche, vous aurez donc retenu trois faits importants :

- la création d'un système de protection sociale est le résultat d'un processus historique long et discontinu ;
- la protection sociale française ne se réduit pas aux seules notions de « politiques sociales » et encore moins de « sécurité sociale », erreur souvent commise dans les copies de concours. Elle recouvre une multitude d'acteurs et d'actions ;
- son champ d'action est illimité, dans la mesure où les besoins sociaux sont par nature illimités.

La protection sociale : une mosaïque d'actions et d'intervenants

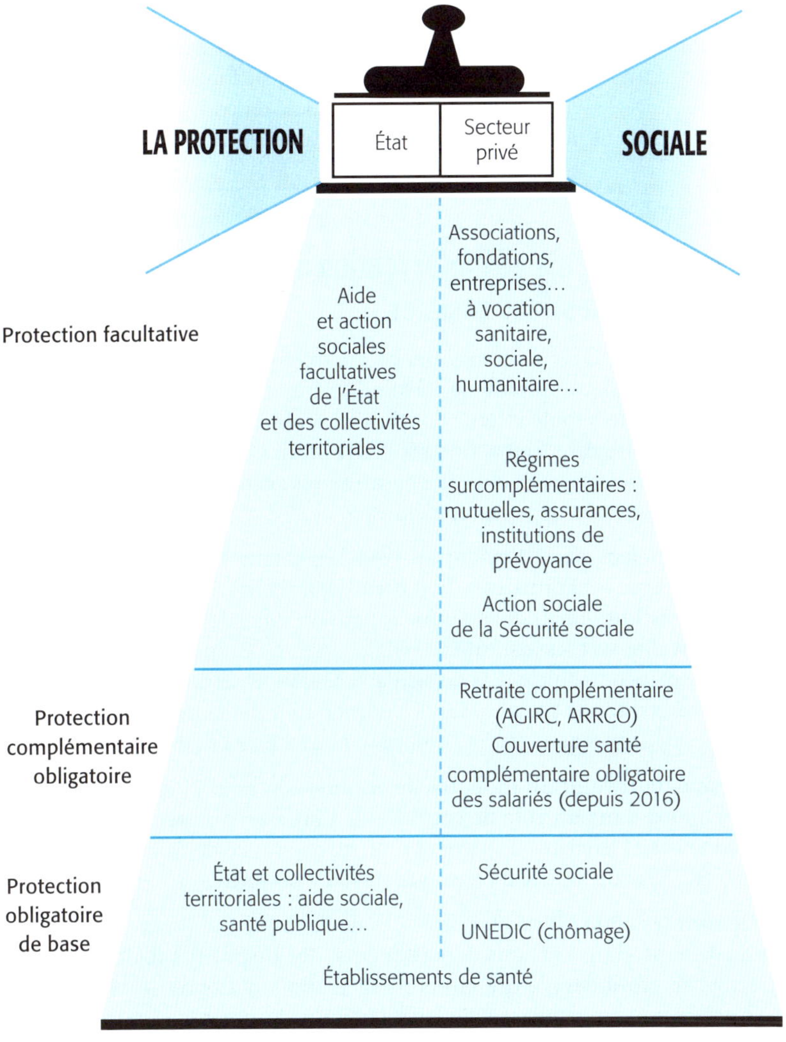

FICHE 2. L'intervention de l'État et de ses administrations déconcentrées

L'action de l'État en matière sociale lui a valu plusieurs qualificatifs : existe-t-il un fil conducteur, de l'État répressif à l'État « social actif » en passant par « l'État-Providence » et la « société du care » ? Quels sont les facteurs qui ont induit l'évolution de son rôle dans le domaine social ?

1. Les fondements de l'intervention de l'État dans les questions sociales

• L'État semble avoir pris conscience du rôle qu'il pouvait jouer dans le domaine social à compter de la Révolution française. Auparavant, il abandonnait volontiers toute velléité d'action au profit de l'initiative privée, et en particulier de l'Église. Son action supplétive était guidée par des préoccupations moins sociales que politiques et sanitaires : la lutte contre la mendicité, le vagabondage et les grandes épidémies.

• Les théoriciens de la Révolution vont largement s'inspirer des théories développées par les Lumières : l'État prend donc conscience de son rôle social et tente d'institutionnaliser l'assistance, dans un souci de progrès social autant que par rivalité avec les institutions religieuses... Le Comité de mendicité crée notamment les bureaux locaux de bienfaisance, ancêtres de nos actuels centres communaux d'action sociale. Mais le budget public demeure incapable de supporter les dépenses qu'exigerait l'ambition nouvelle de l'État en la matière.

• **Lorsque la révolution industrielle entame son essor, l'État se cantonne tout d'abord dans un rôle de contrôle de l'initiative privée,** fertile dans le domaine social (sociétés de secours mutuel, naissance de l'anarcho-syndicalisme, etc.) et soupçonnée d'être un ferment de désordre.

• **Ce sont les collectivités territoriales de l'époque qui donnent l'exemple** en instituant, dans certains départements, des dispositifs d'aide médicale gratuite au profit des plus démunis. L'État emboîtera ensuite le pas à l'initiative privée puis à ses collectivités, en sélectionnant toutefois ses aires de compétences et les publics bénéficiaires : c'est ainsi que naissent **les grandes lois sociales de la IIIe République**, au profit des enfants abandonnés ou des vieillards.

- L'État pose ensuite les fondements d'un régime de retraite pour les marins, dès 1905, pour les ouvriers et paysans, dès 1910. À ces systèmes embryonnaires succède un régime plus ambitieux d'**assurances sociales**, créé par les lois des 5 avril 1928 et 30 avril 1930 pour certaines catégories de salariés de l'industrie et du commerce.

- Il faut ensuite attendre 1945 pour observer un tournant fondamental dans la nature des interventions publiques, jusqu'à présent bridées par les conflits armés, les crises économiques, ou les réticences de nombreuses catégories professionnelles à voir l'État réglementer l'accès à de nouveaux droits sociaux réputés trop coûteux.

- L'après-guerre balaie ces obstacles. Les impératifs de reconstruction, de relance de l'économie, d'assistance aux personnes démunies – les citoyens les plus âgés, notamment, qui ont perdu toutes leurs économies à cause de l'inflation – sont autant de circonstances qui invitent l'État à réfléchir à une conception moderne des politiques sociales, d'autant que des pays voisins ont pris de l'avance en la matière. Deux modèles sont concurrents :
– le Royaume-Uni s'inspire du **rapport Beveridge** (1942) pour instituer un système de protection sociale fondé sur la solidarité nationale : un service public, financé par l'impôt, est créé pour gérer la couverture des principaux risques sociaux ; cette couverture est offerte à l'ensemble de la population sans distinction de statut ou de profession ;
– l'Allemagne a opté pour un autre modèle, dès la fin du XIXᵉ siècle, sous l'impulsion de **Bismarck**. Un système d'assurances sociales couvrant les ouvriers est créé, notamment pour saper la progression des idées socialistes dans ce milieu. Fondé sur le principe de la solidarité professionnelle, il est financé par les cotisations sociales des employeurs et des salariés, et géré par les partenaires sociaux.

La France choisit finalement une troisième voie qui concilie habilement le rôle de l'État – sur le modèle anglais – et celui des partenaires sociaux – sur le modèle allemand.

- L'État va tantôt jouer un rôle direct dans certains domaines de la protection sociale, tantôt impulser des initiatives dont il confiera la gestion à d'autres partenaires, en conservant un rôle de contrôle. Il garde ainsi des prérogatives fortes, notamment en matière sanitaire ; *a contrario*, il jette les fondements de la Sécurité sociale en 1945 mais en confie la gestion aux partenaires sociaux. Il reprendra cependant la main dans les périodes de crise (financière notamment), pour garantir la pérennité du système, comme il l'a fait également pour la survie du régime d'assurance chômage.

De même, dans un souci de réduction des inégalités sociales, il crée par son pouvoir législatif de nouveaux droits sociaux – la couverture maladie universelle, l'allocation personnalisée à l'autonomie, le revenu de solidarité active – dont il impose la gestion et le financement à d'autres entités (Sécurité sociale, conseils départementaux).

2. L'État et ses domaines d'intervention en matière sanitaire et sociale

• L'État n'est pas un concept purement théorique et abstrait : ses multiples composantes ont toutes un rôle à jouer, plus ou moins important, dans le champ social.

Le Parlement

• En application de la Constitution du 4 octobre 1958, le Parlement – Sénat et Assemblée nationale – avait dû se contenter d'un rôle subalterne en matière sanitaire et sociale, puisque limité à la détermination des « Principes fondamentaux ». Ce champ d'action, en apparence très vaste, était si théorique qu'aucune action ne pouvait, en réalité, prendre corps sans l'intervention du pouvoir réglementaire exercé par le gouvernement, auquel la Constitution a confié des domaines et des prérogatives beaucoup plus opérationnels.

• La révision constitutionnelle du 23 février 1996 a modifié ce rapport de force : elle a créé une nouvelle catégorie de lois, qui renforce le pouvoir du Parlement. **Les lois annuelles de financement de la Sécurité sociale** (LFSS) constituent le pendant, dans le domaine social, des lois de finances dans le domaine du budget de l'État. Ainsi, le Parlement retrouve avant tout un rôle de contrôle des orientations prises par le gouvernement et les partenaires sociaux ; cette responsabilité lui permet de déterminer un certain nombre d'objectifs en matière d'évolution des budgets sociaux ou de réformes sociales. Ce pouvoir pourrait sembler immense puisque la loi de financement de la Sécurité sociale pour 2021 envisage plus de 520 milliards d'euros de dépenses ! Cependant, le pouvoir réel du Parlement est bien moindre en pratique : ainsi, le non-respect de ces objectifs est rarement sanctionné ; par ailleurs, plusieurs lois sociales sont partiellement privées d'effet par l'absence de leurs décrets d'application. Enfin, plusieurs des récentes grandes lois sociales, certes votées par le Parlement, étaient néanmoins issues de propositions gouvernementales.

Le gouvernement et ses relais

• Le gouvernement s'appuie sur **plusieurs ministères et leurs administrations centrales** pour l'exécution de ses programmes en matière sanitaire et sociale, mais également pour l'application des lois par la promulgation des décrets qui leur donnent corps. Il exerce ainsi le pouvoir réglementaire.
Plusieurs ministères ont une action prépondérante dans le domaine social : le ministère des Solidarités et de la Santé, le ministère du Travail, le ministère de la Cohésion des territoires et les secrétariats d'État chargés des Personnes handicapées et de l'Égalité entre les femmes et les hommes, notamment. Ils doivent cependant, compter avec les arbitrages des ministères de l'Économie et des Finances pour enrayer le déficit budgétaire de l'État et maîtriser la dette publique.

• Les ministères disposent aussi de structures de terrain qui relaient leur action : les administrations déconcentrées. **Les services déconcentrés** sont des émanations, sur le terrain, de leurs ministères de tutelle. Ils disposent d'un échelon régional, qui a parfois une déclinaison départementale.
Ces services ont entamé une réforme fondamentale avec la « RGPP », la révision générale des politiques publiques initiée en 2008, devenue l'Action publique 2022 qui vise à organiser la « transformation publique »[1].

Le ministère du Travail et de l'Emploi s'appuie sur :
- les DIRECCTE, les directions régionales des entreprises, de la concurrence et de la consommation, du travail et de l'emploi ;
- les DRJSCS, les directions régionales de la jeunesse, des sports et de la cohésion sociale.

Les DIRECCTE traitent des questions d'emploi ; y est rattachée l'inspection du travail, corps ayant un statut particulier, qui contrôle l'application du droit du travail dans les entreprises : respect de la durée du travail, de l'exercice du droit syndical, contrôle du contenu des plans sociaux, etc. Ses pouvoirs ont été renforcés en 2014, notamment par le biais des amendes administratives.

• Le fer de lance régional du ministère des Solidarités et de la Santé est l'**Agence régionale de santé**, créée en 2010. En son sein ont été fusionnés les anciennes directions départementales et régionales des affaires sanitaires et sociales, les agences régionales de l'hospitalisation, les comités régionaux de

1. Une mission de coordination de la mise en œuvre de la réforme (MICORE) supervise la réforme de l'État en lien avec la Direction interministérielle de la transformation publique.

l'organisation sociale et médico-sociale, et l'activité « santé » des caisses régionales d'assurance maladie (fiche 10).

Les services déconcentrés sont garants de l'application de la législation sur le territoire. Les ARS participent notamment à la mise en œuvre des politiques nationales, comme la politique de santé publique, en évaluant les besoins sanitaires de la population, en régissant la planification des équipements des établissements sanitaires et sociaux financés par l'État ou la Sécurité sociale.

Ils assurent également une veille permanente pour prévenir les risques sanitaires, préserver « l'hygiène du milieu », en contrôlant l'application du règlement sanitaire départemental édicté par le préfet, et assurer une veille sanitaire relative à la qualité de l'eau, la pollution atmosphérique, etc. Ce sont ces agences qui ont été au centre de la gestion de la crise de la Covid-19 dans l'ensemble des territoires.

- Les administrations déconcentrées ne sont pas les seules à se réformer à marche forcée, sous l'égide des préfets de régions : la circulaire du 12 juin 2019 prévoit de « désenchevêtrer les compétences de l'État avec les collectivités », et de « réorganiser le réseau déconcentré de l'État pour mieux répondre aux priorités affichées par le gouvernement », par davantage de mutualisations et de coopération interdépartementale.

FICHE 3. Les collectivités territoriales

1. La décentralisation

La **décentralisation** a confié aux collectivités locales[1] – ou « territoriales » – de larges prérogatives, un pouvoir d'initiative propre, sanctionné par un contrôle de légalité *a posteriori* assez souple : dans la mesure où elles respectent la loi, elles sont en théorie souveraines dans leurs domaines d'activité.
Les lois de décentralisation des 2 mars 1982, 7 janvier et 22 juillet 1983 ont été complétées par la loi du 18 décembre 2003 portant décentralisation du RMI, celle du 13 août 2004 relative aux libertés et aux responsabilités locales, celle du 1er décembre 2008 généralisant le revenu de solidarité active (RSA) et celle du 16 décembre 2010, « de réforme des collectivités territoriales ». Elles ont progressivement confié :

Aux conseils municipaux, les relations de proximité avec les administrés

Le maire est responsable de la salubrité et de l'hygiène publiques dans sa commune ; il est donc habilité à prendre tout arrêté à vocation sanitaire.
Le CCAS – **Centre communal d'action sociale** dont le conseil d'administration est présidé par le maire – peut attribuer des prestations sociales facultatives, notamment dans les situations d'urgence, au profit des familles les plus démunies. Mais les 34 968 communes françaises ont dans leur majorité de faibles moyens en la matière ; seules les villes moyennes ou grandes disposent d'un budget social conséquent, de services de travailleurs sociaux et d'équipements sociaux : crèches, maisons de retraite, services d'aide ménagère, etc. Aussi la compétence sociale des petites communes peut-elle être déléguée aux communautés de communes, pour mutualiser les moyens.

Aux conseils départementaux, un rôle de pivot de l'action sociale

- Les conseils départementaux disposent d'une **compétence générale** pour l'attribution des prestations légales d'aide sociale destinées aux personnes les plus démunies. Ils peuvent proposer des prestations plus favorables que les prestations de base, dont la fourniture est imposée par la loi. L'ensemble de ces prestations et leurs modalités d'attribution – seuil de ressources notamment – sont codifiés dans le règlement départemental d'aide sociale, voté annuellement par l'assemblée départementale.

Les principaux domaines d'actions sont les suivants :
– **l'aide sociale à l'enfance :** placement d'enfants sur décision du juge des enfants, protection de l'enfance en danger, etc. ;

1. Terme en vigueur jusqu'au 28 mars 2003, date de la révision constitutionnelle qui remplace « locales » par « territoriales » dans la Constitution.

– **l'aide sociale aux personnes âgées :** prise en charge des frais d'hébergement en maison de retraite, attribution de l'allocation personnalisée à l'autonomie, etc. ; coordination des autres intervenants médico-sociaux, notamment à travers le schéma gérontologique. Le conseil départemental vérifie aussi que les établissements accueillant des personnes âgées, qu'il finance, respectent les normes de gestion notamment ;
– **l'aide sociale aux familles :** aides financières, accompagnement par un travailleur social, mise à disposition de travailleuses familiales, attribution d'aides spécifiques dans le cadre des fonds sociaux départementaux (aide au logement, au paiement des factures d'eau ou d'électricité, etc.) ;
– **l'aide sociale aux personnes handicapées :** la loi du 11 février 2005 pour l'égalité des droits et des chances, la participation et la citoyenneté des personnes handicapées a confié aux conseils départementaux la responsabilité des maisons départementales des personnes handicapées et de toutes les aides qu'elles gèrent (fiches 15 et 17) ;
– **l'insertion et le revenu de solidarité active** (fiche 32).

Enfin, l'assemblée départementale a également des prérogatives dans le domaine sanitaire, comme la **protection maternelle et infantile** (PMI).
Plus de 37,9 milliards de prestations d'aide sociale départementale ont été versés en 2018.

Aux conseils régionaux, la formation professionnelle et l'apprentissage

Ils établissent chaque année un programme de formation professionnelle pour la région et répartissent les fonds destinés à son financement. Ils favorisent la création d'emplois, par des aides à la création d'entreprise ou aux structures associatives qui créent des emplois dans des domaines novateurs.

2. La réforme des collectivités

La loi de réforme du 16 décembre 2010 initiait une réforme importante des collectivités territoriales. Disposant de la clause générale de compétence qui leur permet d'agir dans tout domaine présentant un intérêt local, elles pouvaient partager des compétences, complémentaires ou concurrentes.
Cette situation nuit parfois à l'efficacité de l'action publique.
La **clarification des compétences** est donc le premier pilier de la réforme initiée en 2014.
Le dernier pilier a consacré le rattachement obligatoire de toutes les communes à des **communautés de communes, d'agglomération ou communautés urbaines**, pour mettre en commun des moyens.

- Premier volet :

– création d'un statut des métropoles, pour affirmer leur rôle de moteurs de la croissance économique (loi du 27 janvier 2014). Elles gagnent de nouvelles compétences, notamment en matière de politique de l'habitat, de la ville, et du développement économique et social ;
– soutien renforcé aux entreprises et aux pôles de compétitivité ;
– suppression du conseil territorial (mort-né) et modification du scrutin départemental.

- Deuxième volet : réduction, par la loi du 17 janvier 2015, du nombre de régions de 22 à 13.

- Troisième volet :

– renforcement du rôle des régions en matière de développement économique et social, par la loi du 7 août 2015 de « Nouvelle organisation de la République » ;
– suppression de la clause générale de compétence des régions et des départements ;
– renforcement des intercommunalités.

Ces mesures, extrêmement décriées par les élus locaux démotivés par le redécoupage des régions et la marche forcée vers des intercommunalités dans lesquelles les petites communes ne trouvent pas toujours leur compte, pourraient être amendées. En effet, à l'issue de la « crise des gilets jaunes » et du « grand débat national », le président Macron annonçait un « nouvel acte de décentralisation ». En 2021, le mouvement n'avait pas été lancé.

Architecture de l'État en matière sociale

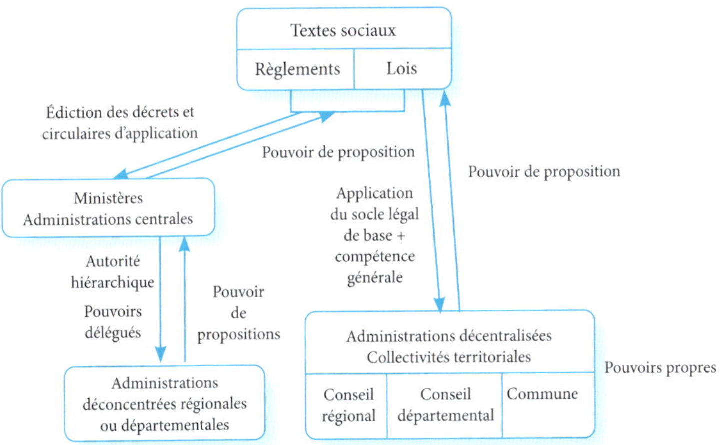

FICHE 4. La Sécurité sociale

L'action des institutions privées, dans la sphère sociale, est d'autant plus intéressante à étudier qu'elle joue souvent le **rôle de catalyseur de l'action de l'État**. À travers l'histoire sociale, l'initiative privée a souvent devancé l'action de l'État dans la prise en charge des nouveaux besoins sociaux, l'État intervenant après coup en généralisant des actions locales, porteuses de progrès social, à l'ensemble du territoire et de la population.

1. Les fondements

- Dans le courant du XIXe siècle, lorsque naît la révolution industrielle, quelques grandes entreprises paternalistes comprennent la nécessité de préserver la santé de leurs ouvriers et la paix sociale en leur sein : elles développent leur propre politique sociale (Michelin). Cependant, ces initiatives patronales sont souvent l'exception. Le milieu ouvrier, malmené par des conditions de travail pénibles et une condition sociale précaire, est un terreau idéal pour que naissent des initiatives privées d'une autre nature : de nombreux mouvements idéologiques comme le saint-simonisme apparaissent et sont à l'origine de la création de **sociétés de secours mutuel** dans plusieurs corporations ouvrières, étroitement surveillées par l'État. Le **syndicalisme** se développe. Dans le même temps, F. Le Play puis M. Sangnier posent les fondements du catholicisme social.

- À la fin du XIXe siècle, l'État prend conscience du rôle social qu'il peut jouer, mais également de l'importance d'associer les catégories professionnelles à l'édification de leur système de protection sociale : il pose, dans les années 1905 à 1930, les fondements de plusieurs régimes de retraite et soutient l'initiative des organisations de salariés agricoles dans le même but.

- Toutes les catégories professionnelles n'ont cependant pas cette ambition. Certaines refusent le principe d'une couverture sociale généralisée, par crainte de devoir en supporter le coût… Il faut attendre l'**après-guerre** pour que l'État parvienne, dans une France ravagée par deux conflits successifs, à imposer l'**idée d'une Sécurité sociale couvrant le plus grand nombre**.

- Le contexte politique oblige cependant les « pères fondateurs » à accepter une entorse au principe et un compromis… L'entorse consiste à admettre comme légitime **le souhait de certaines catégories professionnelles de bénéficier d'une couverture sociale particulière** (souvent à moindre coût) ; l'État cède sur ce point, en sacrifiant le principe du régime unique et en acceptant que de nombreux régimes de Sécurité sociale cohabitent.

Les textes fondateurs

Ordonnance du 4 octobre 1945 fondatrice de la Sécurité sociale

Exposé des motifs : les « pères fondateurs » justifient la création de la Sécurité sociale, inscrite dans le programme du Conseil national de la Résistance.

Il s'agit de « débarrasser les travailleurs de l'incertitude du lendemain, qui crée chez eux un sentiment d'infériorité, et qui est la base réelle et profonde de la distinction des classes ».

Article 1 : il est institué une organisation de Sécurité sociale destinée à garantir les travailleurs et leurs familles contre les risques de toute nature susceptibles de réduire ou de supprimer leur capacité de gain, à couvrir les charges de maternité et les charges de famille qu'ils supportent. L'organisation de la Sécurité sociale assure dès à présent le service des prestations prévues par les législations concernant les assurances sociales, l'allocation aux vieux travailleurs salariés, les accidents du travail et les maladies professionnelles, les allocations familiales [...]. Des ordonnances ultérieures procéderont à l'harmonisation desdites législations et pourront étendre le champ d'application de l'organisation de la Sécurité sociale à des catégories nouvelles de bénéficiaires et à des risques ou des prestations non prévus par les textes en vigueur.

Déclaration universelle des droits de l'Homme, du 10 décembre 1948

Article 22 : Toute personne, en tant que membre de la société, a droit à la Sécurité sociale ; elle est fondée à obtenir la satisfaction des droits économiques, sociaux et culturels indispensables à sa dignité et au libre développement de sa personnalité grâce à l'effort national et à la coopération internationale, compte tenu de l'organisation et des ressources de chaque pays.

Le compromis est tout aussi politique. La Résistance contre l'Allemagne n'est pas un milieu uniforme : plusieurs organisations, représentant différentes forces de l'échiquier politique et notamment le Parti communiste, revendiquent après la Libération un rôle dans la conduite des affaires de la patrie. Le domaine social est particulièrement adapté au partage du pouvoir entre l'État et les forces socio-politiques que nous appelons aujourd'hui les « partenaires sociaux ».

2. Les assurances sociales gérées par les partenaires sociaux

• **L'ordonnance du 4 octobre 1945 et la loi du 22 mai 1946** ont posé les fondements d'un **régime général de Sécurité sociale**, assurant la protection des salariés de l'industrie et du commerce contre **quatre grands « risques »** :
- **la maladie, la maternité et l'invalidité ;**
- **la retraite, le décès et le veuvage ;**
- **les charges de famille ;**
- **les accidents du travail.**

• Ce régime n'est pas aussi généraliste que sa dénomination le laisse penser. Il couvre actuellement 84 % de la population française et cohabite avec d'autres régimes : les professions indépendantes obtiennent, après la guerre, la création d'un système qui leur est spécifique, comme de nombreuses autres catégories professionnelles. Le deuxième régime est la Mutualité sociale agricole.

• La Sécurité sociale « à la française » est donc davantage **une mosaïque de régimes** qu'un système unifié. Seul le régime général sera étudié ici, d'autant que la tendance est à l'alignement de certains « petits » régimes sur le régime général, voire à leur absorption (comme celle en cours du Régime Social des Indépendants).

• Le régime général est géré en théorie par les partenaires sociaux, représentés par **les syndicats représentatifs** de salariés et du patronat. À ce titre, le MEDEF, l'UPA et la CGPME pour les employeurs, la CFDT, la CFTC, la CGC, la CGT et la FO et les syndicats de salariés, reconnus comme représentatifs, siègent dans les conseils d'administration des caisses de Sécurité sociale et signent des accords sociaux au sein des entreprises. Cette gestion partagée a dès l'origine posé des difficultés qui ont contraint le gouvernement à intervenir. Un contre-exemple : la Mutualité sociale agricole, dans laquelle la démocratie sociale n'est pas un vain mot.

• La structuration du régime est, quant à elle, plus pérenne : réformée en 1967, elle s'articule autour de quatre **caisses nationales** : la CNAM (Caisse nationale d'assurance maladie), la CNAVTS (Caisse nationale d'assurance vieillesse), la CNAF (Caisse nationale des allocations familiales). L'ACOSS, Agence centrale des organismes de Sécurité sociale, gère le recouvrement des cotisations et la trésorerie des branches.

• Les caisses nationales organisent le financement des prestations versées dans leur branche respective ; elles fixent les grandes orientations applicables dans les caisses départementales ou régionales le cas échéant ; elles attribuent les fonds nécessaires aux activités de ces caisses, dans des conditions fixées par un arrêté du ministre chargé de la Sécurité sociale ; elles sont consultées sur les projets de lois ou décrets concernant leur domaine d'activité. Établissements publics à caractère administratif, elles sont soumises à la tutelle des ministères chargés des questions de Sécurité sociale, mais aussi des Finances.

• Comme le montre le schéma ci-après, elles disposent de **relais sur le terrain**, dont le rôle est précisément défini par le Code de la Sécurité sociale et dont le statut est celui d'organismes privés gérant une mission de service public. Ce statut ne les dispense pas d'autorité de tutelle mais confie à leurs conseils d'administration une autonomie relative, notamment en matière de prestations extra-légales. Les caisses disposent en effet de fonds d'action sanitaire et sociale, dont l'affectation est décidée par le conseil d'administration en fonction des besoins des assurés.

• La **tutelle des caisses** est partagée entre les caisses nationales et une mission ministérielle de contrôle. Auparavant cantonnée au contrôle de légalité des décisions du conseil et à l'agrément des agents de direction, elle a évolué depuis la signature, à compter de 1997, de conventions d'objectifs et de gestion entre les caisses nationales et l'État. Déclinées par toutes les caisses locales, ces conventions comportent des engagements des caisses sur la rationalisation de leur gestion, la réalisation d'objectifs ciblés comme l'amélioration de la qualité du service ou du recouvrement des cotisations. En contrepartie, l'État prend quelques engagements, comme le remboursement des charges indues que les choix du gouvernement ou du Parlement font peser sur la Sécurité sociale (exemple : les exonérations de cotisations sociales), etc.

• Ainsi, la Sécurité sociale est une « vieille dame » dont le fonctionnement se modernise. Sur le modèle du régime agricole de Sécurité sociale, de nombreuses caisses d'autres régimes mutualisent des tâches ou se regroupent.

Elle n'a jamais démérité, ses coûts de gestion étant faibles en comparaison de ceux d'organismes semblables. Cette saine gestion relève pourtant souvent de la prouesse, tant les ressources de la Sécurité sociale sont liées à la santé de notre économie nationale d'une part, et tant ses dépenses, d'autre part, dépendent de choix gouvernementaux qu'elle ne maîtrise pas.

• La Sécurité sociale couvre un large éventail de « risques sociaux ». Cependant, l'État a incité les partenaires sociaux à s'organiser pour compléter cette protection de base. En 1947 puis 1961 ont été respectivement créées l'AGIRC (Association générale des institutions de retraite des cadres) et l'ARRCO (Association des régimes de retraite complémentaire pour les salariés non cadres), **régimes complémentaires et obligatoires des salariés en matière de retraite**. La santé financière de ces régimes est cependant remise en question. Les réformes structurelles entamées en 2003 se poursuivent : baisse du rendement, hausse des cotisations, fusion de l'AGIRC et de l'ARRCO en 2019, absorption par un futur régime unique de retraite ?

• En outre, dès l'origine, la Sécurité sociale ignore un risque majeur : le chômage. Ce phénomène s'amplifiant dès la fin des années 1960, les pouvoirs publics instituent, par l'ordonnance du 13 juillet 1967, un service public de l'emploi, géré par les partenaires sociaux (fiche 5).

Architecture de la Sécurité sociale

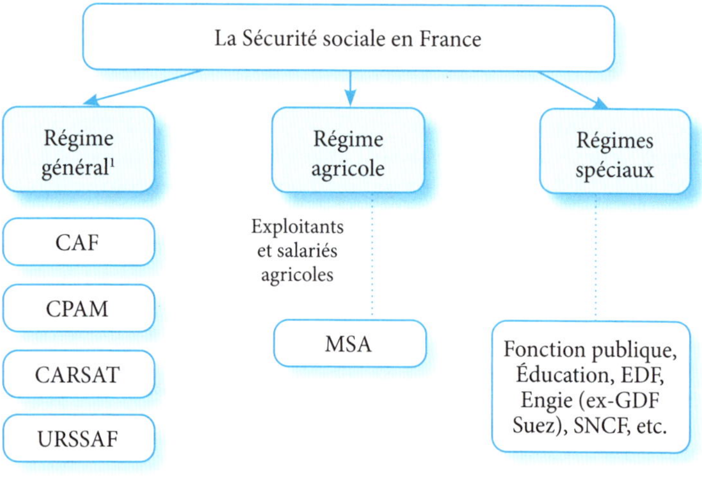

1. Incluant le régime des indépendants depuis 2019.

Les différentes branches de la Sécurité sociale et leur poids financier

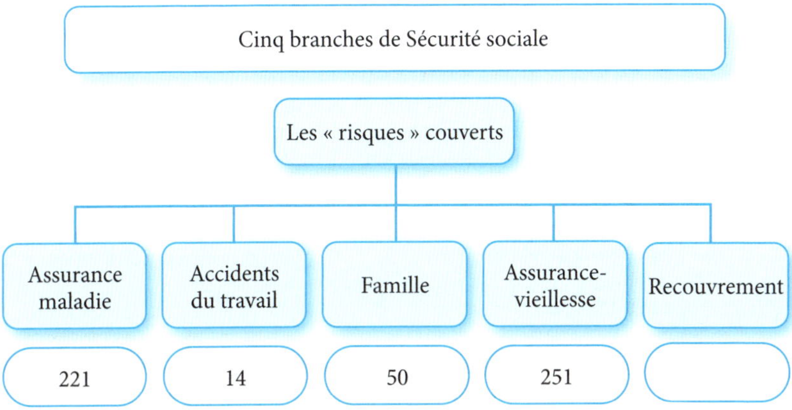

Régime général → 442 milliards d'euros
Tous régimes → 552 milliards d'euros (hors tranferts entre branches)

Source : PLFSS2021

La structuration du régime général de Sécurité sociale

	Versement de prestations			Recouvrement de cotisations	Tâches d'intérêt commun
Niveau national	**CNAM** Caisse nationale d'assurance maladie des travailleurs salariés	**CNAV** Caisse nationale d'assurance vieillesse	**CNAF** Caisse nationale des allocations familiales	**ACOSS** Agence centrale des organismes de Sécurité sociale	**UCANSS** Union des caisses nationales de Sécurité sociale
Niveau régional	**CARSAT** Caisse d'assurance retraite et de la santé au travail				
Niveau local	**CPAM** Caisse primaire d'assurance maladie		**CAF** Caisse d'allocations familiales	**URSSAF** Union de recouvrement des cotisations de Sécurité sociale et d'allocations familiales	

Le rôle des caisses locales

Caisses locales	Rôle défini par le Code de la Sécurité sociale	Prestations extra-légales
La CARSAT	En tant que relais de la CNAM sur le terrain : – participe à la prévention des accidents du travail et des maladies professionnelles dans les entreprises employant des salariés ; – applique, dans ce même domaine, des règles de tarification qui déterminent les cotisations appelées aux entreprises. En tant que relais de la CNAV sur le terrain : sert des pensions de retraite, réversion, allocation veuvage, minimum vieillesse, etc., pour les salariés et travailleurs indépendants non agricoles	En tant que relais de la CNAM sur le terrain : – finance des équipements de prévention des risques professionnels auprès d'entreprises faisant des efforts en la matière ; – propose des actions de communication sur ces thèmes, etc. En tant que relais de la CNAV sur le terrain : prend en charge, pour les retraités et sous condition de ressources, les frais d'aide ménagère, garde à domicile, voire portage de repas à domicile, etc.
La CPAM	– Immatricule les assurés sociaux. – Leur sert les prestations d'assurance maladie et d'accident du travail. – Effectue un contrôle d'ordre médical sur des prescriptions des professionnels de santé, dans le cadre de la politique de bonne « gestion du risque » maladie. – Développe une politique de promotion de la santé et de la prévention.	– Organise ou participe au financement d'actions de prévention de la santé, notamment en direction de populations à risques : suivi dentaire des enfants, dépistage de certaines maladies, etc. – Prend en charge, sous condition de ressources, certaines dépenses non remboursées : frais annexes lors des cures thermales, etc.
La CAF	– Sert les prestations familiales aux salariés du commerce et de l'industrie, à leurs employeurs et aux travailleurs indépendants non agricoles. – Sert d'autres types de prestations : le RSA par exemple, pour le compte de l'État.	Est la caisse qui dispose de la plus grande marge de manœuvre en matière d'action sociale : – développement des modes de garde de la petite enfance : participation à l'investissement et au fonctionnement de crèches, etc. ; – actions en faveur des familles et enfants : prêts pour l'équipement ménager, bons vacances, etc.

L'URSSAF	– Affilie et assujettit les entreprises cotisantes. – Recouvre les cotisations salariales et patronales de Sécurité sociale. – Recouvre d'autres cotisations pour le compte de tiers, et la CSG et la CRDS pour le compte de l'État. – A un rôle actif de contrôle : lutte contre le travail illégal notamment.	L'URSSAF n'a pas d'action sociale à proprement parler, puisque sa vocation n'est pas de distribuer des prestations. Elle dispose cependant de fonds visant à aider les entreprises qui ont des difficultés de paiement de leurs cotisations : remise des majorations de retard, attribution d'échéanciers de paiement.

• Afin de réaliser les économies de gestion exigées par l'État alors que leur coût de gestion est déjà faible (< 4 % des prestations servies), les caisses de Sécurité sociale sont fortement incitées à expérimenter de nouvelles voies d'action et organisation :
- mutualisation de moyens au sein d'un même réseau (CAF, MSA) ;
- regroupement de caisses au sein d'un même réseau (URSSAF, CPAM) ;
- coopération inter-régimes (ex. : développement d'une politique inter-régimes en faveur de personnes retraitées, entre les CARSAT et MSA ; liquidation de la retraite par un seul régime pour le compte de plusieurs ; lieux d'accueil partagés à travers les nouvelles maisons France service ; coopération en matière de développement informatique).

FICHE 5. L'assurance chômage

• Apparus au début du xxe siècle, les premiers systèmes d'indemnisation du chômage étaient privés, relevant de sociétés de secours mutuel créées à l'instigation de syndicats. Quelques collectivités territoriales dispensaient également des secours aux chômeurs.

• La Grande-Bretagne, dès 1911, et l'Allemagne, dès 1927, avaient élaboré leurs premières législations d'assurance chômage. En France, il a fallu attendre l'**Accord national interprofessionnel (ANI) du 31 décembre 1958**, négocié par les partenaires sociaux et agréé par l'État, pour que soit institué un système plus généraliste d'**allocations au profit des travailleurs privés d'emploi dans l'industrie et le commerce**.

Les textes fondateurs

Extrait du préambule de la Constitution du 27 octobre 1946, auquel se réfère notre actuelle Constitution

Chacun a le devoir de travailler et le droit d'obtenir un emploi [...]. Tout être humain qui, en raison de son âge, de son état physique ou mental, de la situation économique, se trouve dans l'incapacité de travailler a le droit d'obtenir de la collectivité des moyens convenables d'existence.

Déclaration universelle des droits de l'Homme du 10 décembre 1948

Article 23 : Toute personne a droit au travail, au libre choix de son travail, à des conditions équitables et satisfaisantes de travail et à la protection contre le chômage. Tous ont droit, sans aucune discrimination, à un salaire égal pour un travail égal. Quiconque travaille a droit à une rémunération équitable et satisfaisante lui assurant ainsi qu'à sa famille une existence conforme à la dignité humaine et complétée, s'il y a lieu, par tous autres moyens de protection sociale. Toute personne a le droit de fonder avec d'autres des syndicats et de s'affilier à des syndicats pour la défense de ses intérêts.

1. L'organisation actuelle

• Ce régime est **totalement indépendant de la Sécurité sociale**.
Jusqu'en 2007, les allocations étaient servies par des organismes de droit privé gérant une mission de service public – les ASSEDIC, Associations pour l'emploi dans l'industrie et le commerce – placées sous le contrôle de l'UNEDIC (Union nationale interprofessionnelle pour l'emploi dans l'industrie et le commerce). L'UNEDIC est gérée par un conseil d'administration comprenant

des représentants des employeurs et des salariés à part égale et présidé alternativement par un représentant des salariés et un représentant des employeurs. C'est le « **paritarisme** ».

- La loi du 14 février 2008 sur la réforme du service public de l'emploi a révolutionné l'organisation de l'assurance chômage, en fusionnant les ASSEDIC (structures privées), chargées de l'indemnisation des chômeurs, et les ANPE, agences nationales pour l'emploi (structures publiques), auparavant chargées d'inscrire et d'accompagner les chômeurs dans la recherche d'un emploi.

- Depuis le 1er janvier 2009, l'UNEDIC n'est plus en charge des activités opérationnelles d'inscription et d'indemnisation. Elle est un centre de ressources, et fournit des éléments d'analyse (études, indicateurs, etc.) pour les partenaires sociaux.

- **Pôle emploi, « institution nationale publique »**, née du mariage entre une structure publique et une structure privée **et dotée de la personnalité morale et de l'autonomie financière, prend le relais.**

Les ANPE avaient déjà vécu un premier grand changement suite à la loi du 18 janvier 2005 de cohésion sociale, qui les privait du monopole de placement des demandeurs d'emploi (ouverture à des agences d'intérim notamment).
En 2008, la mise en place de ce « **guichet unique** », visant à rationaliser les moyens et à proposer un suivi plus personnalisé des demandeurs d'emploi, s'était traduite par de grandes difficultés d'organisation du nouveau service, et, dans un contexte de chômage accru par la crise, par des « files d'attente ».

- Un plan stratégique a été lancé en 2013 avec + 60 % de moyens humains dédiés au suivi des demandeurs d'emploi, et notamment au contrôle des chômeurs qui ne se soumettent pas à leur obligation de recherche d'emploi.

- Un deuxième décret du 26 juillet 2019, relatif aux nouveaux droits à indemnisation, à diverses mesures relatives aux travailleurs privés d'emploi et à l'expérimentation d'un journal de la recherche d'emploi, apporte des précisions sur l'allocation des travailleurs indépendants et sur les critères du caractère réel et sérieux du projet professionnel des démissionnaires. Il n'instaure cependant pas vraiment une couverture chômage universelle et identique pour tous, telle qu'elle avait été annoncée initialement...

2. Les prestations

• Les règles d'indemnisation sont fixées par la convention d'assurance chômage du 14 avril 2017, issue d'un accord national interprofessionnel et négociée entre les partenaires sociaux. Le décret du 26 juillet 2019 relatif au régime d'assurance chômage précise les nouvelles règles d'indemnisation du chômage applicables depuis le 1er novembre 2019.

• **La couverture est assurantielle** : les entreprises employant des salariés doivent obligatoirement adhérer ; les allocations sont attribuées en contrepartie d'une durée d'affiliation suffisante préalablement à la période de chômage (voir fiche 30).

• L'État ne s'est pas totalement désengagé de l'indemnisation du risque chômage, il assure le versement de prestations d'assistance – non contributives – aux chômeurs ne remplissant pas les conditions pour bénéficier du régime assurantiel. C'est le **régime dit « de solidarité »**.

Une importante réforme du système de l'indemnisation chômage a été portée par Emmanuel Macron dès 2018, mais sa mise en place et sa nature intrinsèque font l'objet de nombreux débats.

FICHE 6. Les acteurs de l'économie sociale

La protection sociale ne se résume à aucune des structures précitées. Elle compte en son sein une pléiade d'autres acteurs, dont les statuts et les initiatives sont les plus divers, même si leur vocation est similaire : sanitaire et/ou sociale.

• On les rassemble sous le vocable d'« **économie sociale et solidaire** » (ESS) puisque, outre leur vocation sociale, ils jouent un rôle économique majeur dans notre société :
– ils créent de la richesse, même s'ils ont souvent un but non lucratif, en offrant des services à prix coûtant correspondant aux besoins sanitaires et sociaux de certaines catégories de la population : garde d'enfants, aide-ménagère pour les personnes âgées, intérim d'insertion, etc. ;
– ils créent donc des emplois, et comptent environ 2,4 millions de salariés en France !

• L'économie sociale : ces deux termes, contrairement aux apparences, sont loin d'être antinomiques…
À défaut d'être exhaustif dans un domaine aussi varié et toujours moteur d'expériences nouvelles, citons quelques exemples.

1. Les assurances facultatives

• **Mutuelles, institutions de prévoyance, assureurs privés** se sont implantés sur un marché très porteur : la santé (soit 75 % des prestations versées par ces organismes, contre 24 % pour le domaine de la prévoyance vieillesse-survie). En effet, les consommateurs sont prêts à payer la préservation de leur « capital santé » au prix fort, et leur « demande » en la matière n'est pas élastique par rapport au prix : ils sont souvent prêts à débourser plus – donc à souscrire une complémentaire santé par exemple – pour se voir garantir de meilleurs taux de remboursement des soins.
Ces structures ont souvent élargi leur offre à la prise en charge d'autres risques, mal couverts par le système de Sécurité sociale comme l'assurance obsèques.
Ce secteur est cependant soumis à une concurrence extrêmement rude, à la fois dans le cadre interne au marché français, mais plus encore depuis l'ouverture du marché à la concurrence européenne. De nombreuses structures

ont dû se regrouper pour préserver leur compétitivité et leur pérennité. Aujourd'hui, 450 mutuelles « santé » se partagent plus de 20 millions de cotisants. Le mouvement de concentration se poursuit depuis l'Accord national interprofessionnel (ANI) du 11 janvier 2013, qui impose une couverture complémentaire santé collective pour 4 millions de salariés depuis le 1er janvier 2016, avec une participation obligatoire de l'employeur. Les mutuelles les plus petites se regroupent pour remporter les marchés, lorsqu'ils sont conclus à l'échelle des branches.

• L'Union européenne a soumis le secteur à une réglementation stricte pour améliorer la protection des consommateurs : immatriculation dans un registre national, agrément administratif délivré par l'État pour les opérations d'assurance réalisées par les mutuelles et constitution de réserves financières.

• Cependant, la construction européenne crée aussi des opportunités : assureurs, mutuelles et institutions de prévoyance investissent tous les champs libres de la protection sociale et développent des activités transfrontalières. Ils sont aidés par l'unité de la monnaie dans presque toute l'Europe, par la législation uniformisée, et par les options prises par certains États (la privatisation partielle de l'assurance maladie, en Allemagne, en Espagne, etc., leur a ouvert un champ d'investigation. Autre exemple : le développement des retraites par capitalisation).

2. Les associations

• À vocation sanitaire, sociale, humanitaire, elles sont extrêmement nombreuses (plus d'1 million), ce qui s'explique par la facilité à créer ce genre de structure – la loi du 1er juillet 1901 est peu contraignante – et par la tradition française forte qui conduit l'initiative privée à pallier les carences de la protection sociale « publique ».

• Cependant, l'État est vigilant sur la gestion de ces structures, notamment lorsqu'elles bénéficient de subventions publiques ou de dons. Plusieurs textes réglementent ainsi leur action :
– celles qui reçoivent des subventions publiques doivent prendre des engagements par convention, assurant la transparence de leur gestion et la qualité des prestations offertes ; le respect de ces engagements est contrôlé par les financeurs : le conseil départemental pour son compte, l'État, voire la Cour des comptes dans les cas graves ;

– celles qui souhaitent gérer des établissements sociaux ou médico-sociaux – il en existe environ 30 000 – sont soumises à la loi du 2 janvier 2002, qui encadre strictement les créations ou extensions de ces organismes dans le cadre d'un schéma départemental fixé par le préfet et le président du conseil départemental et qui oblige les structures à faire procéder à leur évaluation par un organisme extérieur et accrédité. La loi Hôpital, Patients, Santé et Territoires du 22 juillet 2009 (loi HPST) a toiletté le texte de 2002, en reprécisant les compétences de l'État (à travers les ARS) et celles des conseils départementaux. Les projets de création d'établissements médico-sociaux recevant des fonds publics doivent répondre à un appel à projet à l'initiative de l'ARS, du conseil départemental et/ou du préfet de région. Ces appels sont lancés sur la base de diagnostics des besoins réalisés par les ARS sur les territoires.

- L'État n'est donc jamais complètement absent du champ social, même dans les domaines où prime l'intervention d'acteurs privés : il est garant du respect des lois – de la bonne utilisation des fonds publics et privés notamment – et de la protection des personnes, en particulier lorsque les actions sociales s'adressent à des publics particulièrement vulnérables : personnes âgées, handicapées, malades ou marginalisées.

FICHE 7. Le financement des politiques sociales

Le financement des politiques sociales en général – et de la Sécurité sociale en particulier – est un thème très prisé lors des campagnes électorales. Le Parlement s'y intéresse également à travers la loi de financement de la Sécurité sociale. Quant à la Cour des comptes, elle pointe chaque année les écarts entre les prévisions financières de la Sécurité sociale et les réalisations. De même, les partenaires sociaux suivent avec attention l'évolution des taux de cotisations sociales. Pourquoi la question du financement est-elle politiquement aussi sensible ? Parce que le budget de la protection sociale représente une masse financière considérable, bien supérieure au budget de l'État lui-même, et que son évolution a des effets induits dans de multiples autres domaines. Ainsi les déficits récurrents de la Sécurité sociale, depuis le début des années 1990, contribuent à l'augmentation de la dette publique.

1. « L'Effort social de la Nation » et son évolution en France

• L'« Effort social de la Nation » est le montant des dépenses de protection sociale d'un pays, rapporté au PIB (produit intérieur brut). Un autre indicateur le complète souvent : la part des prestations sociales versées, dans le revenu disponible brut des ménages.
Ces données permettent d'effectuer des comparaisons internationales et de déterminer quels sont les pays qui ont développé les politiques sociales les plus ambitieuses, en termes de moyens financiers (premier indicateur) ou de redistribution du revenu national (deuxième indicateur).

• **Parmi les pays européens, la France se situe au premier rang,** avec une part de dépenses sociales dans le PIB à 32 %, en augmentation, et une part de prestations sociales dans le revenu disponible des ménages à près de 35 %.

• Cette situation est le reflet des choix politiques de la France depuis l'après-guerre : « l'État-Providence » s'est donné des objectifs sociaux ambitieux – quels que soient les gouvernements – et les politiques publiques afférentes ont été dotées de moyens importants. Les autres acteurs sociaux ne sont pas en reste : les branches de Sécurité sociale, par exemple, distribuent un montant de prestations chaque année plus important.

Aussi, la part des dépenses sociales dans le PIB a-t-elle fréquemment suivi une tendance à la hausse.

- **L'augmentation continue des dépenses s'explique par plusieurs causes.**

– **Les évolutions législatives et réglementaires** créent souvent plus de dépenses qu'elles ne génèrent d'économies, chaque gouvernement marquant sa « mandature » par la création de nouvelles prestations… À titre d'exemple, la création de l'Allocation personnalisée à l'autonomie a modifié l'équilibre financier des conseils départementaux. Ainsi, alors que le montant total des dépenses d'aide sociale départementale s'élevait à 12,9 milliards d'euros en 2001, une nette tendance à la hausse est apparue dès 2002 : l'APA serait responsable de 60 % de cette augmentation ! La prise en charge du RSA, ainsi que de la Prestation de compensation du handicap en 2005 par les départements a également généré des surcoûts.

La hausse continue de leurs dépenses peut-elle être absorbée indéfiniment par une augmentation proportionnelle des recettes fiscales ou sociales ?

Une prise de conscience s'opère depuis 2014. Les réformes des retraites ou la modulation des allocations familiales participent à la maîtrise des dépenses, tandis que les conseils départementaux sont forcés de rationaliser les leurs, compte tenu de la baisse de leurs dotations.

– **Des évolutions démographiques structurelles** renforcent cette tendance. Par exemple, l'augmentation de l'espérance de vie s'accompagne d'un nombre important de personnes âgées exonérées de ticket modérateur en assurance maladie, au motif qu'elles souffrent d'une affection de longue durée.

– **Des comportements sociologiques** doivent être pris en compte : la régulation des dépenses de santé, par exemple, est difficile, les Français considérant que la préservation de leur « capital santé » ne peut supporter une quelconque restriction budgétaire.

– **La faiblesse de la croissance économique** a de nombreux impacts sur les dépenses sociales : le chômage pèse sur les dépenses supportées par l'assurance chômage ; les minima sociaux, versés sous condition de ressources, sont sollicités par de nombreux bénéficiaires.

En conséquence, les comptes sociaux sont largement déficitaires depuis 2002 : 10,3 milliards d'euros en 2015 puis 7 milliards en 2016, pour les seuls régimes de Sécurité sociale. Le déficit pour 2021 s'établirait à 36 milliards d'euros alors que les pouvoirs publics escomptaient un retour à l'équilibre en 2019 pour la première fois depuis 18 ans. En effet, les mesures d'urgence prises consécutivement à la « crise des gilets jaunes », ainsi que les conséquences de la crise de la Covid-19, affecteront les résultats.

• La France, comme de nombreux autres pays industrialisés, ne peut plus faire l'économie de réaliser des réformes structurelles – nouvelle réforme des retraites, de l'assurance-chômage, des allocations logement, « remise à plat » des prestations sociales pour ne conserver que celles ayant une véritable utilité sociale, etc. – pour freiner la progression des dépenses.
Une solution plus indolore consiste à faire preuve de prévoyance en capitalisant, aujourd'hui, les fonds nécessaires au fonctionnement de la Sécurité sociale dans l'avenir. Ainsi, des fonds spécifiques pour le financement de certains déficits ont été créés, tels que la CADES – Caisse d'amortissement de la dette sociale – en 1996, alimentée par les recettes de la contribution au remboursement de la dette sociale (CRDS), ou le Fonds de réserve des retraites créé en 1999, pour faire face aux déficits de l'assurance vieillesse. Ces mesures ont le mérite de clarifier le financement de certaines prestations – les retraites notamment – ainsi que les relations financières entre l'État et la Sécurité sociale, souvent « épinglées » par la Cour des comptes pour leur manque de transparence. Mais cette même instance regrette aussi que ces fonds n'aient pas un statut et un champ bien définis, un financement adapté à leur mission et stable dans le temps. Autrement dit, leur efficacité est sujette à caution. En outre, **ces mesures sont palliatives mais en aucun cas curatives** : comme on le verra dans les parties suivantes, les réformes de fond visant à limiter l'évolution des dépenses n'ont pas encore été menées à leur terme.

• La « crise de la dette » est donc la conséquence de plusieurs décennies de laxisme politique.

2. Les limites des systèmes de financement des politiques sociales

• **Les cotisations sociales sont la principale source de financement des dépenses sociales.** Elles délivrent en effet l'essentiel des recettes de la Sécurité sociale, de l'assurance chômage, des régimes de retraite complémentaire, etc.

• Le financement de nos assurances sociales est proche du système « bismarckien » en œuvre en Allemagne. Il est essentiellement assis sur des **cotisations sociales salariales et patronales, dont l'assiette est la masse salariale**. Ce mode de financement se justifiait effectivement en 1945-1946 lors de la création de la Sécurité sociale qui, à l'origine, bénéficiait essentiellement aux salariés ; il était donc logique que son financement repose sur les salaires. Mais ce système présente une certaine fragilité : sa « santé finan-

cière » dépend étroitement de l'évolution de la masse salariale, elle-même très liée au niveau de croissance économique.
Ainsi, le système enregistrait dès 1967 de nombreuses années de déficits liés à une hausse des dépenses, non compensée par une augmentation des recettes, dans un contexte économique déprimé.

• Début 2010, l'impact de la crise a expliqué les trois quarts du déficit total : c'était la première fois depuis la Seconde guerre mondiale que la masse salariale décroissait sur deux années consécutives, entraînant une forte diminution des recettes. Depuis 2016, la masse salariale augmente. Est ainsi préservée l'assiette des cotisations sociales. En revanche, les taux de cotisations maladie et famille ont été réduits ou supprimés au profit d'une hausse de la CSG en 2018. La crise de la Covid-19 a eu pour effet de contracter les cotisations sociales.

• **La pertinence des ressources par rapport à la nature des dépenses reste posée.**

• **L'impôt** finance les dépenses sociales à la charge de l'État et une partie de l'assurance maladie notamment (contribution sociale généralisée – CSG). **En fiscalisant les recettes de la Sécurité sociale**, afin qu'elles ne portent plus seulement sur les cotisations sociales (donc sur les seuls revenus du travail), la France se rapproche du système béveridgien en vigueur en Grande-Bretagne : c'est la solidarité nationale – que symbolise l'impôt – qui finance le système national de santé.
La CSG, créée en 1991, présente la particularité d'être un impôt recouvré par la Sécurité sociale et l'avantage d'élargir le financement en intégrant dans l'assiette les revenus du travail, mais aussi les revenus du patrimoine (rentes, etc.) et de remplacement (indemnités journalières, etc.). Cette même logique a préludé à la création de la CRDS déjà citée. Ces prélèvements présentent le double avantage d'être socialement plus « justes », puisqu'ils concernent une large palette de revenus, et de diversifier les ressources de la Sécurité sociale.

• Cependant, la réforme est restée au milieu du gué, puisque d'une part, la Sécurité sociale reçoit le produit de prélèvements disparates (forfait social, fraction de la TVA, taxe sur les tabacs, alcool, médicaments, jeux, concours, paris, etc.), et que, d'autre part, la fiscalisation des recettes reste partielle, malgré plusieurs augmentations du taux de CSG. En outre, le rendement des impôts est rendu incertain à terme à cause du faible niveau de croissance économique. Les hausses successives de la CSG ont néanmoins le mérite de mettre davantage à contribution les retraités, qui ont un niveau de vie supérieur à celui des actifs, et de redonner du pouvoir d'achat aux actifs, grâce à une baisse concomitante des cotisations maladie, familiales et chômage.

- Par ailleurs, la France présente un **niveau de déficit public et de dette publique très supérieur aux normes déterminées par l'Union européenne**.

Le financement de la Sécurité sociale

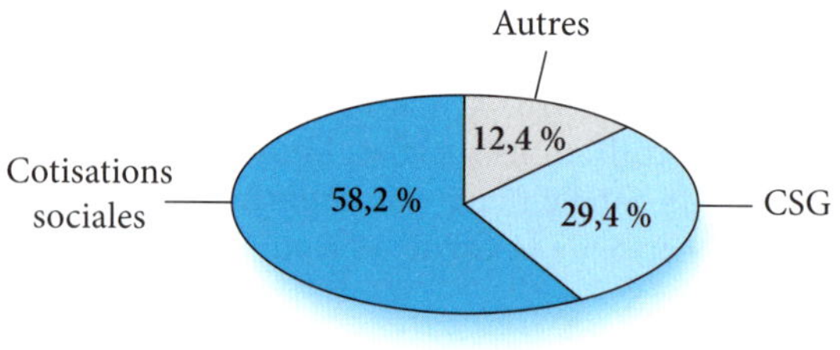

Évolution de la dette reprise par la Cades 1996-2019

(en milliards d'euros)

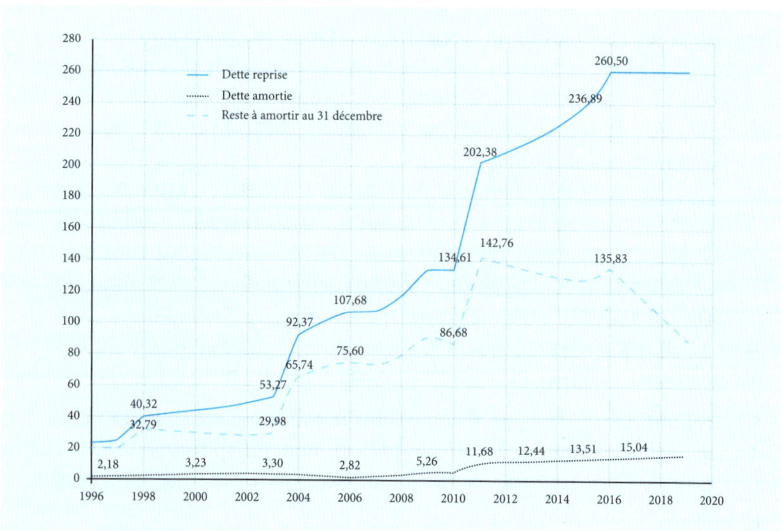

---

* Fonds de solidarité vieillesse finançant le minimum veillesse.

• **Le financement de la protection sociale est donc soumis aux aléas de la croissance économique : lorsque cette dernière est conséquente, elle « dope » l'assiette des impôts et cotisations sociales.** En effet, les entreprises embauchent davantage et/ou font profiter leurs salariés des fruits de la croissance, ce qui accroît leur masse salariale. C'est la situation qu'a connue la France de 1997 à 2001, en 2008 et depuis 2015.

• En revanche, si la croissance économique est faible ou en cas de récession, les recettes n'augmentent pas toujours suffisamment, proportionnellement aux dépenses. Dans ce cas, soit les déficits et l'endettement publics se creusent – solution de très court terme et sévèrement encadrée par les institutions européennes –, soit le taux des impôts et cotisations doit être augmenté – solution de court terme également, car **une augmentation inconséquente des prélèvements obligatoires peut avoir un effet contre-productif sur la croissance économique**. D'autant que la France a déjà un niveau élevé de prélèvements obligatoires, par rapport aux pays comparables (43 % du PIB en 2021, contre 40,2 % en moyenne dans les pays de l'OCDE).

Évolution du passif net de la Sécurité sociale et de l'endettement net en assurant le financement (en Md€)

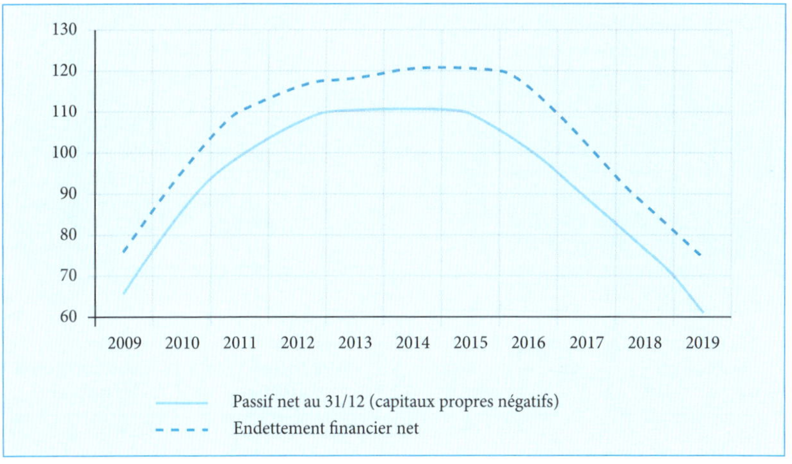

Les cercles « vertueux » et « vicieux » de la croissance économique et du financement des dépenses sociales

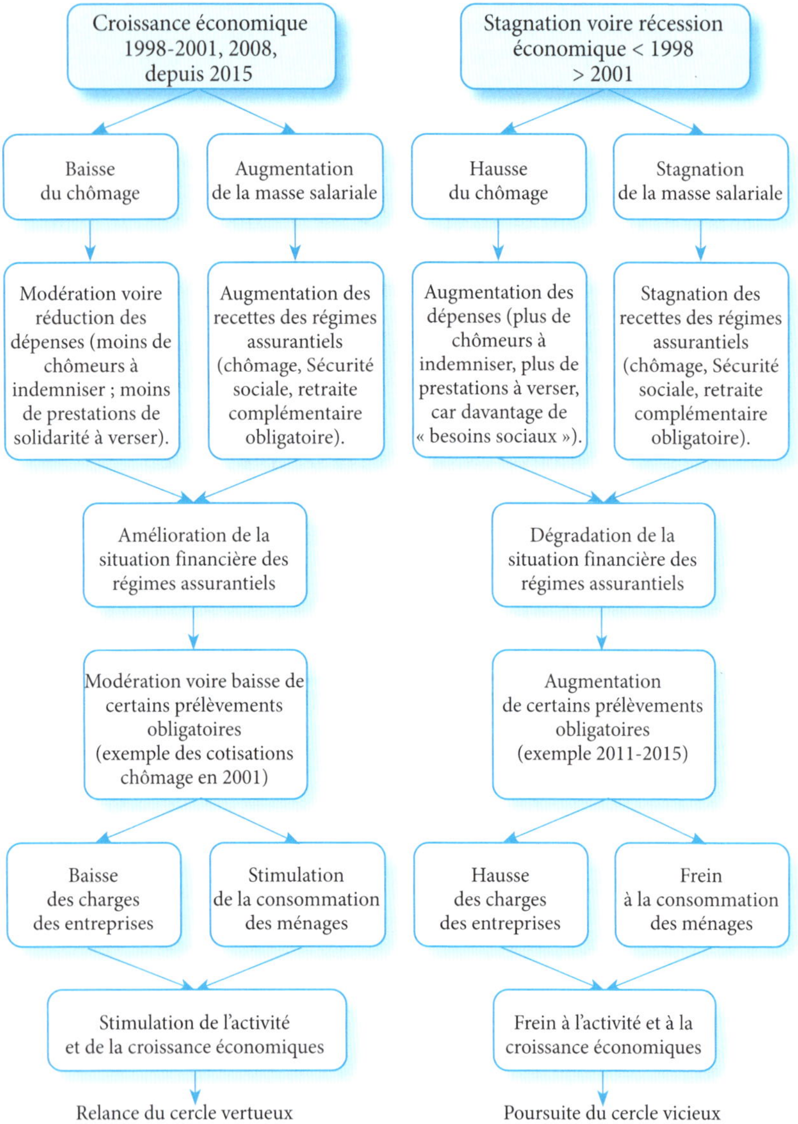

- Le cercle vicieux s'enclenche alors, qui ne peut être interrompu que par une reprise de la croissance économique… ou par une limitation forte de l'augmentation des dépenses. Cette alternative est largement utopique, puisqu'on n'a jamais constaté, dans la période moderne, de recul même modeste du niveau des dépenses sociales…

- Le financement des assurances sociales est donc une équation difficile à résoudre. Quoi qu'il en soit, le plus efficient des systèmes de financement ne saurait leur garantir une situation financière équilibrée, tant que les dépenses poursuivront une croissance supérieure à celle du PIB. Le niveau important de la dette publique ne permet plus à l'État de vivre à crédit. **L'achèvement de la réforme du financement apparaît donc indispensable, sous la pression de l'économie internationale. Et la maîtrise des dépenses ne doit plus être une gageure ; c'est un impératif.**

- La France saura-t-elle encore trouver une « troisième voie », pour faire mentir les détracteurs de l'État-Providence, pour lesquels **il existerait une incompatibilité rédhibitoire entre un haut niveau de protection sociale et la compétitivité du pays** au sein de l'économie internationale ? Ils prennent pour exemple les grandes « enseignes » françaises qui ont délocalisé leur production dans des pays où les charges sociales étaient moindres.

- Les petites entreprises cherchent ainsi des biais pour payer moins de charges :
– « optimisation » sociale et fiscale grâce à des évolutions statutaires des sociétés et à l'utilisation des dernières niches fiscales ;
– recours à des entreprises intérimaires étrangères qui fournissent de la main d'œuvre étrangère aux entreprises du BTP, ou ayant une activité recourant à une main d'œuvre nombreuse et peu qualifiée (récoltes saisonnières en agriculture, etc.).
Ces entreprises intérimaires cotisent dans le pays dans lequel leur siège est implanté : autant de recettes qui échappent à la protection sociale française.

FICHE 8. Perspectives et regard international

La protection sociale, en constante évolution, devrait connaître de nouvelles mutations sous la pression conjointe de la société civile, des finances publiques et de l'économie internationale. On assiste depuis dix ans à une spectaculaire redistribution du pouvoir entre les acteurs du champ social.

1. De l'État-Providence à l'État social actif

L'**État-Providence** est une expression désignant l'ensemble des **mesures prises par les pouvoirs publics pour redresser les inégalités, les injustices de traitement considérées comme inadmissibles.** Sa finalité est de libérer les individus des situations de nécessité qu'ils ne peuvent surmonter seuls.
Avec un niveau de dépenses sociales représentant 32 % du PIB, soit l'un des niveaux les plus élevés au monde, la protection sociale française est la traduction concrète de cette notion sociologique.
Cependant, certains en appellent à une mutation importante de l'État-providence en France.

Pourquoi la fin de l'État-Providence a-t-elle été annoncée ?

• L'État-providence a fait l'objet de nombreuses critiques de la part de courants économiques et politiques comme le néolibéralisme (J. Rueff) ou le néoclassicisme (Lepage, Hayek, Buchanan) qui ont souligné :
– son **inefficacité à faire face à l'exclusion** notamment, qui engendre des situations de détresse d'un nouveau genre à l'encontre desquelles notre système de protection sociale n'a rien prévu ;
– sa **contre-productivité** supposée : la critique libérale accuse l'État-Providence d'être lui-même facteur d'exclusion, en entravant le bon fonctionnement du marché économique. Il subit la loi des « rendements décroissants » : son coût s'accroît, mais pas son efficacité. Les tenants de cette thèse considèrent donc le social comme subsidiaire par rapport à l'économique. À l'image de la construction de l'Europe communautaire, le social n'est pas considéré comme un domaine « noble », mais comme une préoccupation accessoire à laquelle on s'intéressera quand les objectifs auront été atteints dans les domaines jugés cruciaux… ;

– ses éventuels objectifs cachés. La critique – marxiste cette fois – l'accuse de figer l'ordre établi, en corrigeant les imperfections du capitalisme pour assurer sa survie ;
– ses effets pervers sur les libertés individuelles : l'État-Providence constituerait-il une menace pour l'État de droit ? Il est parfois décrit comme une structure tentaculaire qui infantilise, déresponsabilise et supprime la liberté individuelle : ce sont les ravages de la « surprotection sociale », le « **fléau du bien** » (P. Bénéton). L'élargissement du domaine de régulation étatique conduit à une prolifération normative, l'État social n'en finissant pas de constitutionnaliser de nouveaux droits sociaux.

• Or, la solidarité imposée « d'en haut » aux citoyens contribuables n'est plus ressentie comme étant l'affaire de chacun : les actifs doivent accepter de socialiser une part toujours plus importante de leurs revenus, sans en attendre un « juste retour ». Cette situation ne risque-t-elle pas de remettre en cause le « contrat social » et de créer des conflits entre actifs et inactifs, cotisants et bénéficiaires, voire entre générations ? Elle crée en tout cas un terreau propice à l'éclosion de nouvelles formes d'individualisme...

Une mutation prévisible de l'État-Providence, plus qu'une mort annoncée

• Existe-t-il des cycles dans l'histoire sociale ? Les années 1980 ont consacré l'âge d'or des « Welfare States », avant que ne renaissent les doctrines libérales, lors de la crise financière. Puis, à la fin des années 1990, la victoire des partis socialistes dans de nombreux pays d'Europe a autorisé le retour à un État davantage « social-actif ». Le début des années 2000 a marqué le retour de doctrines plus libérales, que Tony Blair avait essayé d'imposer à l'Union européenne en 2005, lors de la présidence anglaise. L'irruption de la crise financière dans le paysage économique et son lot d'effets collatéraux – hausse du chômage notamment – ont incité de nombreux États à reprendre la main et à revenir à une politique plus keynésienne ; ainsi, l'injection massive de moyens par l'État, dans les domaines économiques et sociaux, a permis à certains pays de moins souffrir de la crise qu'ailleurs ; mais cette politique a un coût et a renchéri l'endettement déjà substantiel de la France (120 % du PIB !)... dont souffriront inévitablement les générations futures. La problématique de la dette publique est largement partagée par d'autres pays d'Europe (Italie, Hongrie, Pologne, Espagne, Irlande, Royaume-Uni, Grèce, etc.) qui sont revenus pour certains à une politique économique plus rigoureuse.

• Les mesures de hausse des impôts et taxes et de maîtrise des dépenses lancées en 2011 et accentuées depuis sont-elles de nature à remettre en cause notre modèle social ? Pourtant **État-Providence et économie de marché ne sont-ils pas complémentaires**, le premier pouvant, par des mesures de discrimination positive, pallier les carences de la seconde au profit des personnes qu'elle laisse à ses marges ? Ainsi, sans l'assurance chômage par exemple, les 2,4 millions de chômeurs accepteraient-ils leur condition sociale ? **La protection sociale permet donc de préserver le contrat social indispensable à la réussite économique du pays**, car garante de la stabilité sociale. En outre, la redistribution orchestrée par la protection sociale maintient le niveau de consommation des ménages – même des plus défavorisés – et donc la production des entreprises, qui trouvent ainsi des débouchés plus constants.

• En France, les partis de gauche défendent la « société du care », du « soin mutuel », concept issu des États-Unis. Il s'agirait d'introduire davantage de solidarité individuelle et collective au profit des personnes vulnérables pour compléter les politiques publiques.

• Plusieurs pays d'Europe du Nord ont tenté de donner corps à la notion d'**État social actif**. L'objectif est d'instaurer **un principe de subsidiarité entre la société civile et l'État** : l'État décentraliserait ses actions sociales en les déléguant aux collectivités territoriales, voire à des acteurs privés ; il conserverait un droit de regard et de contrôle sur leur réalisation. Pour ce faire, une réaction de la société civile est nécessaire afin qu'elle ne se contente plus de loger ses actions, de façon subsidiaire, dans les interstices laissés par l'action publique. Il lui faut donc éviter un écueil majeur : « la pétrification des intérêts sur leurs égoïsmes corporatistes » (P. Rosanvallon, dans *La Crise de l'État-providence*). C'est cette carence, justement, qui avait conduit les pouvoirs publics à bâtir progressivement l'État-providence dès l'après-guerre, en l'absence de traditions corporatistes (contrairement aux pays anglo-saxons) et à cause de la faiblesse de la négociation collective (contrairement à l'Allemagne).

• Mais le paritarisme est mal en point et le syndicalisme régresse. L'État a donc beau jeu de recentraliser certaines prérogatives, comme en témoignent la création de Pôle emploi en 2008 – coup de canif dans la gestion paritaire de la protection sociale – ou des Agences régionales de santé, qui ont absorbé des prérogatives de l'assurance maladie et les concentrent dans la main de « supers préfets », nommés par l'État, ou encore la suppression du RSI. De même, est envisagée la création d'un seul organisme central de gestion des futures retraites, par le Haut commissariat en charge de la réforme des retraites.

- Un enjeu majeur est désormais d'inventer un nouveau modèle économique et social de développement sans croissance – ou avec une croissance très limitée.

2. La décentralisation du pouvoir public en matière sociale, la recentralisation en matière sanitaire

- La France n'est pas un pays précurseur en matière de décentralisation : plusieurs pays d'Europe – l'Allemagne, l'Espagne par exemple – ont confié de larges prérogatives sociales à leurs collectivités territoriales.

La décentralisation permet-elle vraiment une meilleure appréciation des besoins sociaux et une adaptation des politiques aux réalités de terrain ? Seul un dispositif d'évaluation performant permettrait de le vérifier.

Si les actions sociales étaient déterminées en toute autonomie par les collectivités territoriales, **comment éviter une rupture d'égalité entre les citoyens selon leur lieu de résidence** ? Cet écueil a été contourné par l'édiction de normes nationales s'imposant à l'ensemble des collectivités (lois sur l'APA, le RSA), en sacrifiant leur autonomie… Le point d'équilibre paraît difficile à trouver. D'autant que, comme actuellement, les collectivités les plus riches développent une politique sociale plus conséquente que les autres. Faut-il **penser un nouveau système de rééquilibrage des moyens entre les collectivités** ? La réforme actuelle de leur financement génère de nombreuses inquiétudes. Le développement de l'intercommunalité est une piste, permettant de mutualiser des moyens et de gagner en efficacité, mais également à l'État de mieux les contrôler ? 340 collectivités et intercommunalités ont signé avec l'État un contrat de maîtrise de leurs dépenses de fonctionnement.

Quel est le « niveau » de décentralisation le plus efficace ? Les pays d'Europe les plus avancés en la matière ont renforcé les pouvoirs de leurs grandes régions. À leur échelle, **nos départements, et même nos régions, font figure de minuscules territoires**… Or, ce sont les départements en France qui, à travers l'aide sociale des conseils départementaux, ont le plus de prérogatives sociales. Fruit du passé (les premières actions sociales départementales sont nées à la fin du XIXe siècle), cette organisation doit-elle être modifiée pour privilégier les régions ? Mais l'échelon départemental, plus proche des besoins de la population, n'est-il pas plus performant ? La loi NOTRe du 7 août 2015 a renforcé les compétences économiques des régions, maintenu les compétences sociales des départements, quand elles n'ont pas été absorbées par les grandes métropoles (loi MAPTAM du 27 janvier 2014).

• Les expériences menées en Espagne, qui a régionalisé la politique de santé bien avant la France, présentent des bilans mitigés : l'allocation des ressources sanitaires n'est pas plus équitable qu'auparavant ; la maîtrise des dépenses de santé n'est pas acquise. La Catalogne revendique son indépendance...

3. L'incursion de nouveaux acteurs dans le monde de la protection sociale

• La protection sociale n'est plus le pré carré des spécialistes du social. De nouveaux acteurs prétendent intervenir dans ce domaine. À titre d'exemple, l'ODAS (Observatoire national de l'action sociale) observe la **judiciarisation croissante** du traitement de la maltraitance en France : la forte augmentation des signalements transmis à l'autorité judiciaire a permis à celle-ci de s'impliquer davantage dans la protection de l'enfance.

• Au niveau central, le ministère en charge des Finances dicte souvent sa loi aux ministères en charge des questions sociales.

• Ce chapitre serait incomplet si l'on omettait de mentionner **le rôle des institutions européennes** en matière sociale, si ténu soit-il encore eu égard à l'ambition initiale des « pères fondateurs » de l'Europe.
Malgré l'adoption d'un « socle européen des droits sociaux » le 17 novembre 2017, le domaine social n'entre que « par effraction » dans les préoccupations de la Communauté européenne : la politique sociale est rarement à l'ordre du jour des travaux du Parlement. Pourtant, elle seule est garante de l'application d'un principe validé dans les traités fondateurs de l'Europe : la **libre circulation des travailleurs**.
Cette absence d'harmonisation a un autre effet pervers : elle induit un coût du travail très différent d'un pays à l'autre, ce qui fausse la concurrence entre les producteurs, au détriment des Français.
Les textes européens peinent à établir un socle minimal commun à tous les États ; le droit social français est souvent beaucoup plus avantageux, il n'est donc impacté que de façon marginale par le droit européen.

• La Communauté européenne n'a rien d'une « Europe-Providence » et les institutions sociales nationales ont donc encore toute légitimité à œuvrer en faveur du progrès social. Pourtant, il est impératif que les institutions européennes s'emparent du problème des distorsions de concurrence générées par les différences en matière de coût du travail entre les pays membres, mais également en matière de normes sociales et sanitaires.

Faute d'harmonisation entre les États membres, de nombreuses activités françaises continueront d'être délocalisées, et les autres, non délocalisables et peu qualifiées, risquent de faire le jeu d'entreprises intérimaires étrangères, au détriment de l'emploi en France, et au risque de saper définitivement les fondements économiques de notre protection sociale.

- **L'État-Providence n'est pas mort… mais il est affaibli.** Le niveau de dépenses sociales dans le PIB continue d'augmenter, témoignant de l'importance des politiques sociales au sein des actions publique et privée, et dans la vie quotidienne des citoyens : elles jouent à plein leur rôle d'amortisseur social des crises économiques.

- **Il est écartelé :**

– **entre des logiques en apparence contradictoires : avancées sociales contre compétitivité économique**, prise en charge de nouveaux besoins sociaux contre exigences de la mondialisation. Où faut-il placer le curseur entre justice sociale et compétitivité économique ? Peut-on réaliser les réformes indispensables sans sacrifier les principaux droits acquis ?

– **entre décentralisation et « européanisation »…** Le défi consiste à trouver le niveau d'intervention le plus efficace, qui permettrait idéalement de mener des politiques de proximité – au plus près des besoins sociaux – tout en réalisant des économies d'échelle. Projet réaliste ou utopique ?

L'État-Providence risque donc à terme de concéder une partie de son pouvoir à d'autres acteurs, mais **il devrait rester l'ultime recours pour toutes les questions qui dépassent les intérêts corporatistes, ou dont la prise en charge financière excède les moyens des autres acteurs du social.** La prise en charge de la dépendance, le soutien aux familles monoparentales, la lutte contre le sida ou celle contre la drogue sont des exemples d'actualité.

Cependant, la crise de la Covid-19 a démontré la nécessité de disposer d'une protection sociale large et généreuse, quitte à accepter des déficits massifs.

FICHE 9. Test

QCM

1 Les premières grandes lois sociales ont été votées :

- a. Dès l'Antiquité.
- b. Sous le règne de Napoléon.
- c. Sous la IIIe République.

2 Le rapport Villermé étudie :

- a. Les conditions de travail des femmes et enfants.
- b. L'assistance aux vieillards, infirmes et incurables.
- c. La prévention des maladies contagieuses.

3 La notion d'« État-Providence » qualifie :

- a. Les subsides que l'État verse aux familles démunies pour réduire les inégalités sociales.
- b. Le rôle que l'État entend jouer dans la promotion de politiques favorisant le progrès social.
- c. Un État totalitaire imposant une politique sociale collectiviste censée réduire les inégalités.

4 La Sécurité sociale est une composante de la protection sociale.

- a. Vrai.
- b. Faux.

5 Le budget consacré à la protection sociale en France est supérieur au budget de l'État.

- a. Vrai.
- b. Faux.

6 Le système allemand de sécurité sociale initié par Bismarck repose sur le principe suivant :

- a. Une couverture sociale minimale est instituée pour les populations les plus défavorisées.
- b. L'ensemble de la population est couverte par un système étatisé.
- c. La couverture sociale est laissée à l'initiative privée : compagnies d'assurances pour les catégories de populations solvables, associations humanitaires pour les autres.
- d. L'activité professionnelle et le versement de cotisations sociales conditionnent l'ouverture du droit à la Sécurité sociale.

7 Parmi les quatre propositions précitées, laquelle illustre le modèle anglais de Sécurité sociale, dit « béveridgien » ?

8 Le centre communal d'action sociale :

- ❍ a. Décide et gère les prestations sociales attribuées par la commune.
- ❍ b. Accueille et héberge les personnes âgées qui ne sont plus en mesure de rester à leur domicile.
- ❍ c. Accueille et héberge les personnes sans domicile fixe.

9 Quel est l'organisme chargé de l'aide sociale à l'enfance ?

- ❍ a. La préfecture.
- ❍ b. Le conseil départemental.
- ❍ c. La CAF.

10 Le Parlement n'a pas de pouvoirs en matière sociale.

- ❍ a. Vrai.
- ❍ b. Faux.

11 La Sécurité sociale en France est composée :

- ❍ a. D'un régime unique couvrant l'ensemble de la population.
- ❍ b. De plusieurs régimes proposant une couverture variable selon les catégories de population assujetties.
- ❍ c. De plusieurs régimes proposant une couverture uniforme pour toutes les catégories de populations.

12 En France, les salariés cotisent obligatoirement à un régime de retraite complémentaire.

- ❍ a. Vrai.
- ❍ b. Faux.

13 La caisse d'assurance retraite et de la santé au travail :

- ❍ a. Attribue les prestations d'assurance maladie.
- ❍ b. Gère la prévention des accidents du travail et maladies professionnelles.
- ❍ c. Attribue les pensions de retraite.

14 L'assurance chômage est un risque couvert par la Sécurité sociale.

- ❍ a. Vrai.
- ❍ b. Faux.

⑮ L'expression « économie sociale » désigne :

- ❍ a. Un secteur parallèle et illégal qui concurrence la Sécurité sociale.
- ❍ b. L'ensemble des services, de nature sanitaire et/ou sociale, proposés par des structures privées à des catégories de populations ayant des besoins non couverts par les assurances sociales ou par l'aide sociale.
- ❍ c. Un système économique qui s'inspire d'une doctrine visant à redistribuer égalitairement la richesse produite par l'économie nationale.

⑯ La part des dépenses sociales dans le PIB en France est de :

- ❍ a. 32 %.
- ❍ b. 52 %.
- ❍ c. 72 %.

⑰ La part des prestations sociales dans le revenu disponible des ménages est de :

- ❍ a. 25 %.
- ❍ b. 35 %.
- ❍ c. 45 %.

⑱ Les dépenses d'assurance maladie évoluent tendanciellement :

- ❍ a. À la hausse.
- ❍ b. À la baisse.

⑲ Les dépenses d'aide sociale départementale évoluent :

- ❍ a. À la hausse.
- ❍ b. À la baisse.

⑳ La CSG est :

- ❍ a. Une cotisation sociale.
- ❍ b. Un impôt.
- ❍ c. Une taxe.

㉑ La Sécurité sociale est financée essentiellement :

- ❍ a. Par des cotisations sociales.
- ❍ b. Par des recettes fiscales.
- ❍ c. Par des dons privés.

☑ Corrigé

1. c. ; 2. a. ; 3. b. ; 4. a. ; 5. a. ; 6. d. ; 7. b. ; 8. a. ; 9. b. ; 10. b. ; 11. b. ; 12. a. ; 13. b. et c. ; 14. b. ; 15. b. ; 16. a. ; 17. b. ; 18. a. ;19. a. ; 20. b. ; 21. a.

PARTIE 2

La politique de santé

FICHE 10. Une multitude d'intervenants

La santé a longtemps été considérée comme une question individuelle, un patrimoine dont « l'entretien » était laissé à la libre initiative de chacun. À la fin du XIXe siècle, quelques départements ont cependant proposé une aide médicale gratuite, permettant aux plus démunis d'accéder aux premiers soins. Il a fallu attendre 1945 et la mise en œuvre de l'assurance maladie pour que l'État affiche la volonté de « démocratiser » l'accès aux soins.
La France est aujourd'hui l'un des pays les plus avancés en matière de concrétisation du droit à la santé… mais sa politique de la santé comporte intrinsèquement de multiples paradoxes.

1. La médecine de ville

• La France compte 215 000 médecins en activité, dont 15 000 retraités en activité partielle. Un nombre qui augmente artificiellement. Le nombre de généralistes recule et fait craindre, dans les années à venir, une réelle pénurie dans les régions qui attirent le moins ces professionnels de santé. Cette diminution est principalement liée à deux facteurs :
– le nombre d'étudiants admis en médecine a été limité de longue date par un *numerus clausus* dans les universités. Mais ces dispositions dévoilent aujourd'hui leurs effets pervers : plusieurs spécialités médicales – médecine générale, pédiatrie, gynécologie, etc. – souffrent d'une pénurie de praticiens. Les établissements de soins doivent de plus en plus recruter leurs médecins et infirmières à l'étranger (10 % des médecins). L'actuel assouplissement du *numerus clausus* ne produit pas rapidement ses effets, compte tenu de la durée des études médicales ;
– la pyramide des âges des médecins en exercice est inquiétante : avec un âge médian de 53 ans, beaucoup devraient partir à la retraite d'ici 2025. La profession se féminise, les jeunes médecins ne s'installent pas toujours là où les besoins sont les plus forts, ne choisissent pas les spécialités déficitaires, et souhaitent travailler moins que leurs aînés.

• Dans ce contexte, les hôpitaux sont amenés à recruter des médecins à l'étranger, dont le niveau de qualification n'est pas toujours égal à celui exigé des médecins français. Combien de temps la France pourra-t-elle encore supporter de telles incohérences ?

2. Les établissements de santé

• Il existe près de 3 000 établissements hospitaliers en France, dont près de **1 350 hôpitaux publics et 1 650 établissements privés**, qui comptent 393 000 lits et emploient plus d'1,3 million de personnes.

• Dotés de la personnalité morale et d'une autonomie financière relative, les **établissements publics** sont administrés non plus par un Conseil d'administration, mais par un Conseil de surveillance qui valide la stratégie de l'établissement et veille aux équilibres financiers. La loi Hôpital, Patients, Santé et Territoires du 21 juillet 2009 a concentré une grande partie des pouvoirs dans les mains du directeur, qui est nommé par le directeur de l'ARS. Il doit néanmoins compter – avec le président de la commission médicale d'établissement – un médecin, qui coordonne la politique médicale de l'établissement avec le directeur, et non sous son autorité.

• La loi précitée simplifie le statut et les catégories d'établissements : les hôpitaux locaux disparaissent ; les centres hospitaliers (régional et/ou universitaire) demeurent.

• Parmi **les établissements privés** participant ou non au service public de santé, on distingue :
– les établissements de santé privés d'intérêt collectif, sans but lucratif, qui participent au service public hospitalier sur décision de l'agence régionale de santé. Ils peuvent être gérés par une association, une mutuelle, un organisme de Sécurité sociale ou une congrégation religieuse ;
– les établissements privés à but lucratif : le plus souvent constitués en société, ils sont soumis aux règles du droit civil et commercial et sont créés grâce à des capitaux privés (appartenant souvent à des médecins qui prennent ainsi la fonction de dirigeants de leur structure, contrairement aux hôpitaux publics dans lesquels la gestion est confiée à une équipe de direction non médicale).

La création, l'extension ou la transformation est soumise à une procédure rigoureuse sous l'égide de l'ARS. Les ressources sont issues d'une enveloppe nationale définie par le Parlement (l'Objectif national d'évolution des dépenses d'assurance maladie, ou ONDAM), répartie entre les hôpitaux en fonction du nombre et de la lourdeur des actes médicaux selon des tarifs fixés par les pouvoirs publics. C'est la « tarification à l'activité ».

3. Un secteur relativement encadré : les Agences régionales de santé

• Créée par la loi Hôpital, Patients, Santé et Territoires du 22 juillet 2009, l'Agence régionale de santé est un établissement public à caractère administratif. Son directeur, nommé en Conseil des ministres, dispose de pouvoirs très étendus puisque, sur la base du Schéma régional de santé (SROS), il accorde les autorisations de fonctionnement pour les établissements et services de santé, et les établissements sociaux et médico-sociaux. Dans chaque région, l'ARS met en œuvre la politique de santé publique, suit l'état sanitaire de la région, participe à la prévention du capital santé et à l'éducation à la santé des patients. Elle supervise les programmes régionaux de gestion du risque assurance maladie, qui impliquent les caisses primaires d'assurance maladie, les caisses de mutualité sociale agricole. Elle contrôle les établissements.

• L'ARS signe un Contrat pluriannuel d'objectifs et de moyens (CPOM) avec eux. S'ils restent libres de définir leur organisation interne, ils doivent rendre des comptes sur tous les autres volets : territorialité, coopérations, performance. Les CPOM ont accéléré la recomposition régionale des hôpitaux publics comme des établissements privés, prévue dans le cadre des schémas régionaux de santé créés par la loi de modernisation de notre système de santé du 26 janvier 2016.

Sont aussi créés des Groupements hospitaliers de territoires (GHT) : plusieurs hôpitaux se coordonnent, en fonction de leurs spécialités respectives, afin d'organiser autour du patient le parcours de soin le plus efficace. Le projet médical, partagé par les membres du groupement, permet de mutualiser des moyens et de constituer des équipes médicales communes.

• Les urgences sont désormais gérées par les ARS et sont plus étroitement coordonnées avec la médecine de ville, pour assurer la permanence des soins et désengorger l'hôpital.

• L'État a dégagé des moyens pour accompagner les restructurations, décloisonner les établissements et moderniser les bâtiments et les équipements.

• Les moyens ont aussi permis de moderniser les systèmes d'information hospitalière, largement utilisés par l'ARS pour appliquer la tarification à l'activité.

- Le développement de la chirurgie ambulatoire, qui permet une sortie de l'hôpital le jour de l'intervention, et la réduction des durées d'hospitalisation doivent générer de fortes économies.

- Les ARS sont enfin très impliquées dans la mise en œuvre du plan « Ma santé 2022 » visant à lutter contre les déserts médicaux, à favoriser la coopération entre professionnels de santé, à déployer la télémédecine.

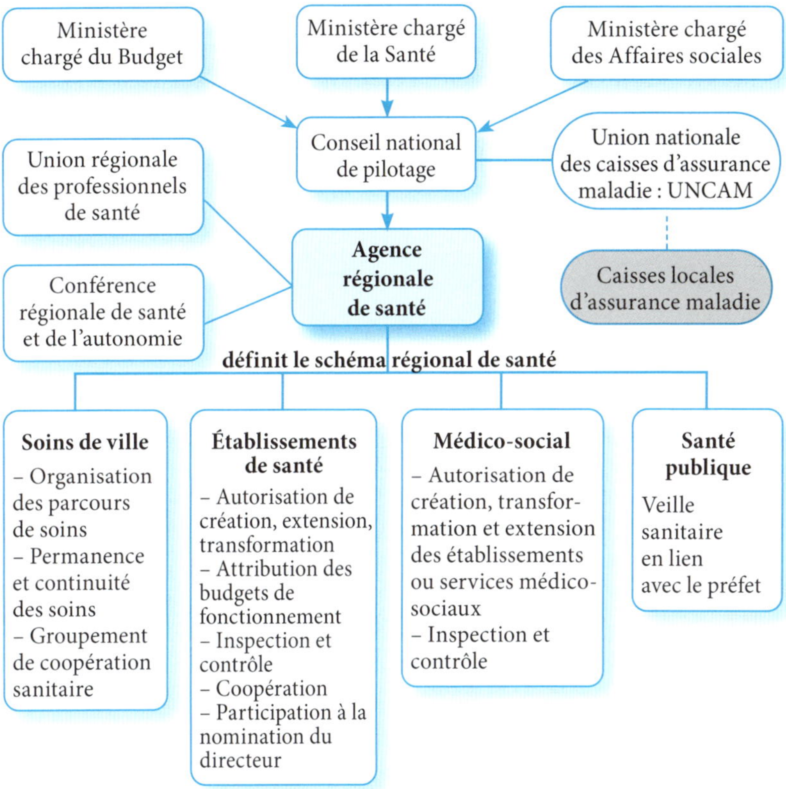

4. L'assurance maladie

• Les professionnels de santé sont conventionnés avec l'assurance maladie, dont les services administratifs, et les services médicaux vérifient le respect de leurs engagements, et notamment leur application des protocoles de soins définis par la Haute Autorité de santé.

• La gouvernance de l'assurance maladie a été réformée par la loi du 13 août 2004 : le directeur de la Caisse nationale d'assurance maladie s'est vu confier de très larges prérogatives, notamment pour piloter les relations conventionnelles avec les professions de santé. Les pouvoirs publics attendent en effet de l'application stricte des clauses conventionnelles un réel effet sur la maîtrise des dépenses de santé : un espoir toujours déçu jusqu'à présent…

FICHE 11. La généralisation de l'accès aux soins

1. L'assurance maladie

• Depuis sa création, l'assurance maladie couvre obligatoirement toutes les personnes qui, d'une part, exercent une activité professionnelle, d'autre part, justifient d'un montant minimum de cotisations sur salaire ou d'une durée minimale d'activité salariée.
Cette protection a été étendue à d'autres catégories de population – ayants droit d'un assuré social, étudiants, titulaires de minima sociaux, retraités, etc. –, puis généralisée avec la protection universelle maladie en 2016.

• La nature de l'activité professionnelle détermine le régime de Sécurité sociale auquel la personne sera assujettie. Son lieu de résidence détermine son **affiliation** à une caisse départementale de Sécurité sociale. Cette caisse réalise alors l'**immatriculation** de l'assuré social et lui délivre une **carte « Sésam Vitale »**, passeport indispensable qui doit être fourni par l'assuré aux professionnels de santé pour qu'ils vérifient l'existence de ses droits à la Sécurité sociale. Cette carte ouvre aussi aux professionnels de santé la possibilité de proposer le tiers payant à leurs patients : ce système permet à l'assuré de ne pas faire l'avance des frais médicaux, le professionnel de santé se faisant directement rembourser par la Sécurité sociale.

• À l'issue de ces opérations administratives, le bénéficiaire peut donc prétendre aux **prestations en nature et en espèces des assurances maladie, maternité, invalidité, décès**, et de l'assurance couvrant les accidents du travail, s'il remplit les conditions exigées.
– **Les prestations en espèces compensent partiellement la perte de salaire** occasionnée par la maladie, la maternité, l'invalidité, le décès ou l'accident de travail. Elles sont appelées indemnités journalières en cas de maladie ou maternité, pension d'invalidité en cas d'invalidité, ou rente d'incapacité à l'issue d'un accident du travail ayant laissé des séquelles durables. Leur versement s'arrête lorsque le « risque » générateur du droit cesse (reprise d'emploi), lorsque l'assuré atteint l'âge de la retraite (substitution de la pension de retraite), ou au-delà d'un délai fixé par la loi (3 ans maximum pour la maladie).
– **Les prestations en nature sont des remboursements de dépenses de soins.** Ces soins sont classés et codifiés en différents types, le tarif de remboursement variant selon la codification.

– Les **soins hospitaliers** sont fournis par un hôpital public ou une clinique.
– Les **soins ambulatoires** sont effectués par les professionnels de santé libéraux et relèvent de la médecine dite « de ville ».

Le remboursement des soins par la Sécurité sociale n'est pas toujours intégral : il est établi en fonction du ticket modérateur, représentant la participation légale laissée à la charge de l'assuré. Un médicament peut n'être que partiellement remboursé par l'assurance maladie. L'assuré doit alors se retourner, pour le remboursement de la part restant à sa charge, vers sa mutuelle le cas échéant. Il en est de même pour le forfait hospitalier laissé à la charge de la personne hospitalisée.

• Ce système de protection comporte donc ses propres limites. En effet, en laissant une partie du coût des soins à la charge des assurés pour les responsabiliser dans leur consommation de soins, il peut exclure les personnes les plus démunies, qui ne peuvent pas assumer le paiement du ticket modérateur.

2. L'apport de la Couverture maladie universelle

• La loi du 27 juillet 1999 a créé la CMU régie par le **principe d'universalité** qui s'entend comme la possibilité d'accéder aux soins sur l'ensemble du territoire, avec des conditions et des formalités minimales : résidence stable et régulière ; ressources inférieures à un seuil. Au-delà de ce seuil, la CMU complémentaire peut être attribuée moyennant le paiement d'une cotisation modulable en fonction des ressources.

• **La couverture complémentaire** permet la prise en charge partielle ou totale des frais de soins non remboursés par la couverture de base, et notamment l'accès aux soins optiques et dentaires. Auparavant, les dépassements tarifaires pratiqués par les professionnels de santé, et le faible taux de remboursement par l'assurance maladie, dissuadaient nombre de personnes défavorisées de recourir aux soins qui leur étaient pourtant nécessaires. La CMU offre de plus une **dispense d'avance des frais**, utile pour la même raison.

• Pour autant, le dispositif présente toujours quelques limites : tous les bénéficiaires potentiels ne demandent pas l'octroi de la CMU, faute d'informations (personnes sans domicile fixe par exemple).

Les personnes dont les ressources dépassent le plafond sont exclues du bénéfice de l'aide : un dispositif supplémentaire – l'aide complémentaire santé – a donc été créé par les pouvoirs publics, il consiste à attribuer une réduction de cotisation pour l'acquisition d'une complémentaire santé.

Enfin, les soins pris en charge sont limités à ceux inscrits dans le « panier de soins », dont le contenu a été limitativement énuméré par la loi : la faiblesse des forfaits de remboursement des soins les plus coûteux (optiques et dentaires) est un frein à l'accès à ce type de soins.

- Ce dispositif, qui n'est pas novateur (l'aide médicale a été « inventée » en 1898 !) a été perfectionné en 2016 pour pallier ses carences. La CMU de base a été remplacée par la PUMA.

3. La création de la Protection universelle maladie (PUMa)

- La loi de financement de la Sécurité sociale pour 2016 ouvre l'assurance maladie aux salariés sans qu'ils aient à justifier d'une activité minimale.

- Les personnes sans activité bénéficient de la prise en charge de leurs dépenses de santé si elles ont une résidence stable et régulière en France. Le statut d'ayant droit est donc supprimé car devenu sans utilité.

- Cette situation évite les ruptures de droits : elle protège par exemple les personnes qui étaient ayants droit, qui divorcent et qui n'ont plus à faire de démarches pour l'ouverture de leurs droits maladie. De même, les salariés qui changent d'emploi ou perdent leur travail peuvent conserver le même régime d'assurance maladie.

- Les bénéficiaires sans activité peuvent devoir une cotisation en fonction de leurs revenus patrimoniaux.

- Depuis le 1er novembre 2019, la couverture maladie universelle complémentaire (CMU-C) et l'aide au paiement d'une complémentaire santé (ACS) ont fusionné pour laisser place à la complémentaire santé solidaire, avec le bénéfice du tiers payant intégral et un panier de soins plus complet.

FICHE 12. Le système sanitaire français : une efficience contestée

Extrait de la Constitution de l'Organisation mondiale de la santé (OMS, 7 avril 1948)
La santé est définie comme « un état de complet bien-être physique, mental et social et ne consiste pas seulement en une absence de maladie ou d'infirmité [...]. La possession du meilleur état de santé qu'il est capable d'atteindre constitue l'un des droits fondamentaux de tout être humain, quelles que soient sa race, sa religion, ses opinions politiques, sa condition économique ou sociale ».

1. Une politique de santé publique en devenir

- D'après l'étude menée par l'INSEE en 2020, la France occupe le 4e rang pour l'espérance de vie des femmes, le 10e pour les hommes, le 7e au total.

- Certains indicateurs sanitaires français sont néanmoins décevants (22e rang pour la mortalité infantile eu égard aux sommes investies dans le système sanitaire, qui est l'un des plus coûteux de la planète (13e rang mondial pour la dépense de santé par habitant mais 6e rang en pourcentage du PIB). L'une des explications réside dans **le faible investissement de la France dans les politiques de santé publique, à visée préventive plus que curative** : des actions ponctuelles ont été initiées lorsque l'urgence le commandait, pour lutter contre certains fléaux d'ampleur nationale : le tabac, la drogue, le sida, les risques alimentaires. Quelques missions de santé publique ont été confiées à divers organismes : la protection maternelle et infantile aux conseils départementaux ; la prévention des risques professionnels aux CARSAT et MSA, etc. Mais la santé scolaire ou l'épidémiologie sont les parents pauvres du système sanitaire français, alors que les États-Unis consacrent un énorme budget à leur Centre de contrôle des maladies, le CDC. En 2016, la Caisse nationale de solidarité à l'autonomie a doté les départements d'importants budgets afin d'organiser des actions de prévention santé pour les seniors. Le dispositif pourrait être complété par la future loi « Dépendance ». À l'occasion de la crise de la Covid-19, ces défaillances sont devenues flagrantes.

- Les Agences régionales de santé devraient pallier partiellement les carences françaises, en coordonnant les acteurs de la prévention, mais leur rôle est perfectible. La loi de « modernisation de notre système de santé », adoptée par l'Assemblée nationale le 17 décembre 2015, leur a confié de nouvelles prérogatives en la matière, mais les pouvoirs publics les assurent, en 2018, de favoriser et d'accompagner davantage les initiatives locales. Une réforme de leur rôle est annoncée, la crise de la Covid-19 conduisant à accélérer la réflexion à leur propos.

2. Toujours des inégalités d'accès aux soins

- Certes, la « consommation de soins » par Français ne cesse d'augmenter : 7 200 francs en 1989, 14 600 en 1997, 2 437 euros en 2001, 3 000 euros aujourd'hui, mais 840 euros en 2020 pour la seule santé. Cependant, l'état de santé des personnes évoluant dans les milieux sociaux les plus défavorisés est plus dégradé que celui de la moyenne de la population ; l'accès à certains soins, particulièrement coûteux et/ou mal remboursés par l'assurance maladie de base et la CMU complémentaire, est toujours fermé à ces catégories. Ainsi, 30 % des bénéficiaires de la CMU déclarent ne pas pouvoir assumer le coût des soins optiques et dentaires.

- La loi Santé précitée prévoyait la généralisation du tiers payant en 2017 : le patient ne fait plus l'avance des frais (part obligatoire) chez son médecin, ce dernier se faisant directement rembourser par les caisses d'assurance maladie. Le nouveau gouvernement l'a différée. Heureusement, il l'a complétée du dispositif « reste à charge 0 », qui permet de proposer des lunettes, des prothèses auditives et dentaires, sans reste à payer.

- Autre difficulté, les dépassements d'honoraires, dans les hôpitaux publics comme dans les cliniques privées et les cabinets de spécialistes, menacent l'accès aux soins. L'accord du 23 octobre 2012 (avenant n° 8 de la convention médicale), qui limite ces dépassements, a été complété en 2017, mais n'est pas jugé efficace par la Cour des comptes.

- La généralisation obligatoire de l'assurance complémentaire santé pour tous les salariés, en 2016, leur permet d'être mieux couverts (loi du 14 janvier 2013 sur la sécurisation de l'emploi). En revanche, elle renchérit le coût de l'emploi et est complexe à gérer dans les petites entreprises, notamment quand elles embauchent des travailleurs saisonniers.

- Il reste à régler la problématique des personnes âgées, qui ont de plus en plus de difficultés à payer leur mutuelle, dont le prix augmente avec l'âge.

3. L'épineux problème de la maîtrise des dépenses

• Au sein de l'ensemble des régimes de Sécurité sociale, la branche maladie présente toujours une situation préoccupante : ses dépenses ont augmenté de 7,4 % en 2020. Leur progression est constante. Deuxième poste de dépenses après l'assurance vieillesse, elles représentent 12 % du PIB en 2020.

• Dans l'histoire de l'assurance maladie revient un élément récurrent : plus de 30 « plans » de maîtrise des dépenses ont été initiés depuis les années 1960, pour tenter de réformer l'assurance maladie et de juguler ses **déficits chroniques**.
La problématique jusqu'à présent insoluble consiste, pour les caisses nationales d'assurance maladie comme pour le gouvernement, à trouver les moyens de maîtriser cette progression exponentielle grâce à deux leviers : la limitation de la demande de soins d'une part, la régulation de l'offre de soins d'autre part.

• **Pour raisonner la demande de soins**, l'une des mesures courantes a consisté à accroître la participation financière des assurés au paiement des soins, par l'augmentation du ticket modérateur ou du forfait journalier hospitalier laissé à leur charge. Des participations forfaitaires et des franchises ont également été instaurées depuis 2004, le forfait journalier hospitalier est passé de 18 à 20 euros en 2018. L'homéopathie est déremboursée en 2021.

• D'autres actions sur la demande de soins ont été testées : mise en œuvre du dispositif « médecin traitant », pour éviter que les patients pratiquent le « nomadisme médical » en consultant plusieurs médecins pour la même affection, généralisation de la carte Sésam Vitale et du dossier médical du patient, pour éviter que des soins redondants soient prescrits au patient, imposition accrue des mutuelles…

• Mais force est de constater que ces actions n'ont pas fait la preuve de leur efficacité. La microéconomie nous éclaire sur les raisons de cet échec : la **demande de soins n'est pas forcément élastique par rapport au coût** ; les Français, soucieux de la préservation de leur capital santé, préfèrent sacrifier d'autres postes de dépenses, pour faire face à l'augmentation de leurs dépenses de santé.
La population française étant vieillissante, il sera difficile de limiter la consommation de soins, beaucoup plus importante aux âges extrêmes de la vie (petite enfance ; vieillesse). En outre, 4 % de la population – les personnes

touchées par des maladies graves – consomment 50 % du total des dépenses. Peut-on humainement concevoir de réduire leur consommation de soins ? Enfin, l'augmentation du ticket modérateur pourrait aller à l'encontre de l'objectif poursuivi avec la CMU, en instaurant une médecine à deux vitesses, accessible uniquement aux personnes les plus favorisées pour lesquelles la hausse du ticket modérateur est indolore puisque souvent « absorbée » par la mutuelle.

- Les pouvoirs publics ont donc utilisé un autre levier d'action : la **régulation de l'offre de soins** dans plusieurs domaines.

Toutes les professions de santé ont vu leur offre de soins régulée par des conventions négociées entre leurs syndicats représentatifs et les Caisses d'assurance maladie, voire l'État. Au centre d'enjeux politiques et financiers majeurs, souvent contradictoires, ces négociations sont âpres et n'ont pas toujours l'efficacité escomptée. L'**ONDAM – Objectif national d'évolution des dépenses d'assurance maladie**, voté par le Parlement dans la loi de financement de la Sécurité sociale – a été décliné au sein des conventions de nombreuses professions de santé, mais son dépassement ne fait pas l'objet de sanctions, les professionnels de santé étant farouchement opposés à la « régulation comptable » des dépenses. Quant aux hôpitaux, l'IGAS elle-même constate que « l'enveloppe globale allouée aux hôpitaux n'est pas fixée par référence à une analyse de la situation des établissements (activité, tension interne, réserve de productivité) mais essentiellement en fonction des contraintes générales des finances publiques ». Plus d'un tiers des établissements sont déficitaires et sont de fait incités à accroître leurs activités les mieux « tarifées » pour obtenir une enveloppe budgétaire proportionnellement plus importante.

- Les laboratoires pharmaceutiques sont dans la « ligne de mire » des gouvernements et de la Cour des comptes qui exigent qu'une « **politique du médicament** » digne de ce nom soit mise en œuvre, impliquant en particulier le développement des médicaments génériques, aussi efficaces et moins coûteux que les médicaments phares des laboratoires. Cette politique doit également inclure l'évaluation du rapport efficience-prix des médicaments, l'information objective des prescripteurs, pour qu'ils prescrivent davantage de génériques, le développement de la recherche et développement, l'industrialisation du secteur, l'exportation. Les pharmaciens sont autorisés à substituer un médicament générique à celui prescrit par le médecin. L'industrie du médicament, un des fleurons économiques français, est cependant en perte de compétitivité, et incrimine l'excès de taxes et de normes. Les démarches d'autorisation de mise sur le marché de nouveaux médicaments, par exemple, sont très longues en France.

Les députés ont adopté, le 19 décembre 2011, une loi sur le renforcement de la sécurité sanitaire du médicament, suite à l'affaire du Médiator. Le texte réforme les conditions d'autorisation de mise sur le marché (AMM) des médicaments.

• Les Caisses d'assurance maladie et les Agences régionales de la santé ont développé des actions de « **gestion du risque** » maladie. L'objectif est de mener des études, à l'échelle d'un territoire, pour vérifier que les prescriptions des médecins sur des pathologies ciblées – diabète, anti-dépresseurs, etc. – sont conformes aux références médicales.

• Dans la même logique de rationalisation de l'offre de soins, la **planification sanitaire** doit permettre d'adapter les installations sanitaires – hôpitaux, établissements médico-sociaux, etc. – aux besoins mesurés de la population. Les Groupements hospitaliers de territoires et communautés professionnelles territoriales de santé doivent permettre la coordination des professionnels de santé œuvrant sur un même territoire pour éviter les soins redondants, optimiser l'utilisation des matériels médicaux lourds afin de les rentabiliser, etc. Des solutions alternatives à l'hospitalisation sont aussi développées, par la généralisation de l'hospitalisation à domicile, ou des hôpitaux de jour. Autre exemple : la création des unités de gériatrie dans les hôpitaux, pour prendre en charge les pathologies liées à la vieillesse.

• Cependant, malgré la créativité dont ont fait preuve les pouvoirs publics ou les organismes d'assurance maladie, les multiples outils mis en œuvre n'ont eu qu'une **portée limitée**. En termes d'équipements sanitaires ou de démographie médicale, certaines régions sont saturées (le Sud notamment) quand d'autres ont un déficit marqué (régions très rurales, nord de la France, Outre-mer). Quant aux outils impliquant les professionnels de santé, ils sont contestés :
– s'ils ne sont pas contraignants, ils ne sont pas suivis d'effet par ces professions, dénommées « libérales » à bon escient… : la participation aux réseaux de soins fait peu d'émules ; les dépassements d'honoraires sont parfois abusifs, etc.
– s'ils leur sont opposables et si des sanctions sont envisagées en cas d'irrespect, les professions de santé savent user de leur influence, sur le milieu politique comme sur la population en général, pour faire pression sur les décideurs et rendre inopérante la coercition.

En synthèse, notre système de santé est l'un des plus complets au monde, mais son coût nécessite des mesures permanentes d'optimisation.

FICHE 13. Perspectives et regard international

La santé est un domaine en constante mutation. Tous les pays industrialisés sont confrontés aux mêmes défis : vieillissement de la population, déficits importants des systèmes de santé, structuration obsolète des institutions de santé, exigences fortes des citoyens pour la préservation de leur capital-santé, défis de santé publique, craintes sur la sécurité sanitaire (grippe H1N1…), inégalités sociales dans l'accès aux soins.

1. L'accès aux soins : un bien commun mais pas un acquis

L'exemple récent des États-Unis est édifiant. L'ex-président Obama, après son bras de fer avec les puissantes compagnies d'assurance, avait réussi son pari : réformer l'accès aux soins pour lutter contre les inégalités. Plus de 16 millions d'Américains ont souscrit une couverture santé. Mais Donald Trump est parvenu partiellement à remettre en cause l'Obamacare.

Même en France, où l'assurance maladie est plébiscitée par les Français, l'accès aux soins n'est pas garanti en tous points du territoire, compte tenu de la désertification médicale. Faut-il créer un service public de médecine générale pour garantir l'accès de tous les habitants aux soins de base ?

L'allocation inéquitable des ressources médicales est aussi un problème en Allemagne.

2. La régionalisation dans le domaine sanitaire

- Les Agences régionales de santé françaises sont missionnées pour mieux prendre en compte les besoins de la population et favoriser une médecine de qualité et de proximité grâce au décloisonnement dans l'utilisation des équipements médicaux, et à la fongibilité des enveloppes financières. Elles devront aussi s'atteler à la mise en œuvre d'une réelle politique de prévention, plus professionnelle.

- Plusieurs questions restent encore en suspens :

– le niveau régional n'est-il pas trop éloigné des réalités de terrain ? D'autant que les ARS doivent s'adapter au nouveau périmètre des « grandes régions », alors qu'elles ne sont pas encore pleinement efficaces dans toutes leurs missions ;

– comment garantir l'équité entre les régions et éviter les inégalités de traitement flagrantes entre les administrés selon la région où ils habitent ? La « télémédecine », promue par le gouvernement, n'est qu'une réponse très partielle ;
– les expériences de même nature menées dans d'autres pays présentent des bilans mitigés : en Espagne par exemple, la régionalisation – vers les collectivités territoriales, à la différence de la France – génère une meilleure maîtrise des dépenses médicales, mais induit de fortes disparités dans l'offre de santé proposée par les régions.

3. Vers une privatisation du système de santé ?

• Plusieurs pays européens ont initié ce mouvement. En Allemagne, depuis 1997, la population dont le revenu est supérieur à un certain seuil peut s'adresser à un assureur privé pour sa couverture maladie.
Le Danemark, quant à lui, a instauré un système à trois niveaux : une assurance de base pour le « petit risque » maladie, une autre pour les risques lourds, une assurance complémentaire, toutes trois ouvertes à la concurrence.
En Espagne, le développement d'un système de santé privé permet de décongestionner le système public.

• Les bilans dévoilent **des résultats mitigés** : la forte concentration des opérateurs génère des positions dominantes sur le marché et freine l'émulation à la baisse des coûts. Les économies attendues sur les dépenses de santé n'ont donc pas été constatées.

• En outre, ce système présente un risque majeur : le risque de sélection des « bons risques », c'est-à-dire des clients dont l'état de santé présente le moins de risque de maladie (donc la garantie d'une faible consommation de soins). Les personnes ayant un état de santé dégradé risquent d'être exclues des assurances santé, ou de les payer excessivement cher. Les Pays-Bas ont institué des règles contraignantes pour éviter la sélection des risques et des clientèles par les assurances privées, sous peine que leur agrément leur soit retiré. Le gouvernement encadre donc fortement le système, ce qui a aussi un coût !

Avec la crise de la Covid-19, tous les systèmes de santé au monde ont été ébranlés quasiment de la même manière ; ainsi, aucun « modèle » n'a émergé, ce qui doit conduire tous les observateurs et spécialistes de la santé à beaucoup d'humilité.

FICHE 14. Test

QCM

1 La carte vitale contient :

- ❍ a. Le dossier médical du patient.
- ❍ b. L'étendue de ses droits à l'assurance maladie.
- ❍ c. Un moyen de paiement des visites médicales.

2 La couverture maladie universelle permet d'attribuer à ses bénéficiaires :

- ❍ a. Les prestations en nature de l'assurance maladie.
- ❍ b. Une couverture complémentaire santé.
- ❍ c. Un accès gratuit à l'hôpital.

3 Les prestations en nature de l'assurance maladie compensent la perte de salaire liée à un arrêt de travail.

- ❍ a. Vrai.
- ❍ b. Faux.

4 Le ticket modérateur est la part du coût d'un soin qui reste à la charge de l'assuré social.

- ❍ a. Vrai.
- ❍ b. Faux.

5 Le tiers payant permet à l'assuré :

- ❍ a. De ne payer qu'un tiers du coût du soin, laissé à sa charge par l'assurance maladie.
- ❍ b. De payer ses frais médicaux à des tiers – professionnels de santé – grâce à la carte Vitale.
- ❍ c. De ne pas faire l'avance des frais médicaux, le professionnel de santé se faisant rembourser directement par la caisse d'assurance maladie.

6 La dépense moyenne en soins médicaux, par Français, est de :

- ❍ a. 708 euros.
- ❍ b. 1 708 euros.
- ❍ c. 3 000 euros.

7 Quel est l'objectif du *numerus clausus* ?

- ❍ a. Limiter le nombre de places dans les universités médicales.
- ❍ b. Limiter le nombre de médicaments proposés à la vente pour une même pathologie.
- ❍ c. Limiter le nombre de visites médicales remboursables, par patient.

8 Qu'est-ce que le « nomadisme médical » ?

- ❍ **a.** La tendance des consommateurs de soins à consulter de nombreux médecins pour une même pathologie, ou à changer souvent de médecin traitant.
- ❍ **b.** La tendance des consommateurs de soins à se soigner eux-mêmes, sans recours au diagnostic d'un professionnel.
- ❍ **c.** La tendance des médecins à quitter la médecine libérale, jugée trop contraignante.

9 Qui sont les signataires des conventions médicales nationales ?

- ❍ **a.** Les syndicats représentatifs des médecins et le gouvernement.
- ❍ **b.** Les syndicats représentatifs de médecins et les caisses nationales d'assurance maladie.
- ❍ **c.** Le gouvernement et les caisses d'assurance maladie.

10 Les accidents du travail figurent parmi les quatre « risques » couverts par la Sécurité sociale.

- ❍ **a.** Vrai.
- ❍ **b.** Faux.

11 Le forfait hospitalier est :

- ❍ **a.** Le coût estimé de chaque acte médical pratiqué en milieu hospitalier et remboursé par l'assurance maladie.
- ❍ **b.** Le montant des dépenses hospitalières laissées à la charge du patient hospitalisé.
- ❍ **c.** Le coût d'hébergement estimé pour une journée d'hospitalisation.

12 Les dépenses d'assurance maladie sont :

- ❍ **a.** En constante progression, supérieure à la progression du PIB.
- ❍ **b.** Stables.
- ❍ **c.** En constante diminution, grâce aux efforts de maîtrise des dépenses consentis par les professionnels de santé et les caisses d'assurance maladie.

☑ Corrigé

1. **b.** ; 2. **b.** ; 3. **b.** ; 4. **a.** ; 5. **c.** ; 6. **c.** ; 7. **a.** ; 8. **a.** ; 9. **b.** ; 10. **a.** ; 11. **b.** ;12. **a.**

PARTIE 3

La politique en faveur des personnes handicapées

FICHE 15. La politique menée en faveur des adultes handicapés

La loi du 11 février 2005 pour l'égalité des droits et des chances, la participation et la citoyenneté des personnes handicapées, dans son article 2, définit ainsi le handicap : il constitue « toute limitation d'activité ou restriction de participation à la vie en société en raison d'une altération substantielle, durable ou définitive, d'une ou de plusieurs fonctions physiques, sensorielles, mentales, cognitives ou psychiques, d'un polyhandicap ou d'un trouble de santé invalidant ».

- Les personnes handicapées sont au nombre de 4,6 millions en France pour les moins de 60 ans, d'après les statistiques des Maisons départementales des personnes handicapées. Ce chiffre est estimatif, certaines personnes n'ayant pas fait reconnaître leur handicap et ne figurant pas dans les statistiques. On sait de façon sûre, en revanche, que plus d'1,25 million de personnes bénéficient de l'Allocation aux adultes handicapés (AAH) et que 325 000 familles bénéficient de l'Allocation d'éducation spéciale pour leur enfant handicapé.

- La politique en faveur des personnes handicapées a été profondément remaniée par la loi du 11 février 2005 pour l'égalité des droits et des chances, la participation et la citoyenneté des personnes handicapées : s'inspirant d'initiatives conduites dans les pays nordiques, elle a instauré un droit à compensation du handicap. Son objectif ambitieux est donc de mettre en œuvre les mesures qui doivent permettre aux personnes handicapées de pallier les conséquences de leur handicap.
La loi a donc réformé les prestations sociales liées au handicap et les structures chargées de l'évaluation et de la prise en charge des besoins des personnes handicapées. Elle a aussi renforcé l'obligation d'emploi des entreprises et des administrations, à l'égard de ces personnes.

- La section « Adultes » de la Commission des droits et de l'autonomie, constituée au sein de la maison départementale des personnes handicapées et composée de membres du conseil départemental, des services déconcentrés de l'État, des organismes de Sécurité sociale, des organismes gestionnaires des centres de rééducation professionnelle, des structures spécialisées employant des personnes handicapées, et de représentants des associations de personnes handicapées et de plusieurs médecins, a deux missions principales :

– attribuer la qualité de travailleur handicapé et orienter celui-ci vers un milieu de travail adapté ;
– déterminer le taux d'invalidité, se prononcer sur l'opportunité d'attribuer des allocations et sur l'orientation en établissement spécialisé.

1. L'attribution d'aides financières

• **L'Allocation aux adultes handicapés (AAH)** est versée à plus d'1,25 million de personnes et elle représente un montant de 11 milliards d'euros, en hausse constante, intégrant la majoration pour vie autonome.
Le bénéficiaire doit remplir les conditions suivantes :
– être de nationalité française ou d'un pays ayant passé une convention d'aide sociale ;
– avoir dépassé l'âge d'attribution de l'allocation d'éducation pour l'enfant handicapé ;
– avoir une incapacité permanente égale à 80 % ou être dans l'incapacité (due au handicap) de trouver un emploi ;
– avoir des ressources inférieures à un plafond.

Elle est attribuée par la Commission des droits et de l'autonomie et versée par la Caisse d'allocations familiales.
Sous certaines conditions, elle peut être cumulée avec des revenus du travail.

• La **Prestation de compensation du handicap** (PCH) est attribuée aux personnes (322 000) nécessitant l'aide effective d'une tierce personne. Elle est destinée à prendre en charge le coût de cette tierce personne et à compenser les effets collatéraux du handicap. Elle peut être complétée par une majoration pour la vie autonome, ou par une aide plus ponctuelle du fonds de compensation du handicap, afin de couvrir des dépenses d'aide humaine et d'aides techniques (aménagement du logement, du véhicule, matériels divers, aide animalière).

• Les besoins de la personne handicapée sont évalués par une équipe pluridisciplinaire (travailleur social, médecin, ergothérapeute si nécessaire), rattachée à la Maison départementale des personnes handicapées. Cette équipe doit respecter le projet de vie de la personne handicapée et élaborer un plan personnalisé de compensation.

• Enfin, les personnes handicapées peuvent prétendre à l'allocation de logement.

• Cependant, la compensation financière du handicap ne suffit pas en elle-même à garantir l'intégration économique, scolaire et sociale des personnes handicapées. D'autres dispositifs ont donc été prévus.

2. Des mesures complémentaires aux aides financières pour favoriser l'intégration sociale

• **L'hébergement** est une problématique ardue pour les personnes ayant un handicap physique : le maintien en milieu ordinaire de vie est un des objectifs majeurs de la politique en faveur des personnes handicapées, mais aussi l'un des plus difficilement réalisables. Il se heurte notamment aux difficultés liées à l'accessibilité de l'habitat. De nombreuses aides sont mobilisables (MDPH, ANAH) mais ne suffisent pas toujours à couvrir l'intégralité du coût des travaux à réaliser. En outre, beaucoup de logements locatifs ne sont pas aménagés pour accueillir des personnes handicapées.

• Les **services d'aide à domicile** des personnes handicapées permettent aux personnes les plus autonomes de rester à leur domicile.

• Lorsque la perte d'autonomie oblige la personne à être hébergée dans sa famille, **l'Allocation de logement à caractère familial** peut être attribuée aux personnes qui accueillent et ont à leur charge un parent atteint d'une incapacité d'au moins 80 % ou qui est reconnu inapte au travail par la CDAPH.

• Lorsque la prise en charge par la famille n'est pas possible, une formule de **placement familial** est parfois offerte à la personne handicapée. Les familles d'accueil, rigoureusement sélectionnées par le conseil départemental, sont rémunérées pour le service rendu. La personne handicapée participe au paiement de son hébergement, en fonction de son niveau de ressources. Le nombre de places disponibles dans ce mode d'hébergement est cependant très restreint.

• Enfin, pour les handicaps les plus lourds nécessitant un **placement en institution**, est prévue la prise en charge par l'aide sociale des frais d'hébergement dans les divers foyers pouvant accueillir des personnes handicapées. Il existe plusieurs types de structures :
– les foyers-logements ou foyers d'hébergement reçoivent en fin de journée ou durant le week-end des personnes handicapées, qui travaillent en Établissement ou service d'aide par le travail (ESAT), en atelier protégé, ou en milieu ordinaire de production (40 000 places) ;

– les foyers de vie occupationnels accueillent une population plus dépendante qui n'est pas en mesure de travailler, tout en disposant d'une certaine autonomie intellectuelle et sociale (52 000 places) ;
– le nombre de places en foyers d'accueil médicalisés est encore insuffisant : 58 000. Ces maisons accueillent des personnes gravement handicapées n'ayant pas acquis un minimum d'autonomie. En raison de leur médicalisation, ces établissements sont financés par l'assurance maladie. Les autorisations de création sont de la compétence de l'État.

• **L'accès aux services** est une autre problématique cruciale pour les personnes handicapées : leur intégration sociale suppose que les services, tant publics que commerciaux ou culturels, leur soient accessibles.
Plusieurs textes fixent les règles d'accessibilité aux handicapés des locaux d'habitation, des lieux de travail et des installations recevant du public. Un contrôle *a priori* du permis de construire est instauré pour les établissements recevant du public.

• Enfin, l'**insertion dans le milieu professionnel** est la dernière étape dans le parcours du combattant auquel se livrent les personnes handicapées pour leur intégration : l'objectif est, là encore, de favoriser l'emploi en milieu ordinaire.
La loi précitée de 2005 a alourdi les sanctions financières pesant sur les entreprises ne respectant pas leur obligation d'emploi de travailleurs handicapés. Les employeurs ont néanmoins la faculté de satisfaire partiellement leur obligation d'emploi en passant des contrats de fournitures, de sous-traitance ou de prestations de services avec des établissements de travailleurs protégés. S'ils ne s'acquittent pas de leurs obligations, ils doivent une contribution à l'AGEFIPH (Association de gestion du fonds pour l'insertion professionnelle des personnes handicapées).

• L'État incite par ailleurs les personnes handicapées à travailler, en leur assurant une garantie de ressources et en prévoyant des possibilités de cumul de leur emploi et de leurs salaires.

• Les personnes handicapées désirant travailler, mais ne pouvant être accueillies en entreprise, peuvent être prises en charge dans plusieurs types de structures :
– les centres de rééducation, réadaptation et formation professionnelles sont dotés de moyens techniques d'apprentissage et de formation générale visant à amener progressivement les personnes handicapées à l'exercice d'une profession ;

– les entreprises adaptées sont des unités économiques de production où sont embauchés des travailleurs handicapés (environ 31 000) capables d'un certain rendement ;
– les Établissements ou services d'aide par le travail (ESAT) accueillent environ 120 000 personnes gravement handicapées, qui exercent une activité et bénéficient d'un soutien médico-social et éducatif. Ces structures permettent à leurs salariés d'exercer les gestes et d'acquérir le rythme d'une activité professionnelle, éventuellement en vue d'un reclassement ultérieur.

3. La prévention

Le handicap peut intervenir à l'âge adulte, après un accident notamment. La politique de prévention routière, dont les moyens ont été renforcés depuis 2002, est l'une des réponses gouvernementales. L'obligation pour les employeurs de cotiser auprès d'un organisme de **médecine du travail** en est une autre : outre la visite médicale obligatoire pour chaque salarié, le médecin du travail peut également conseiller l'employeur sur les mesures de sécurité à mettre en place. Si sa responsabilité est mise en cause dans un accident du travail, l'employeur peut être sévèrement sanctionné tant sur le plan pénal que sur celui des assurances sociales : la caisse d'assurance maladie peut se retourner contre l'employeur fautif, et le taux de cotisations peut être accru en fonction des risques encourus par les salariés. Enfin, le droit du travail est protecteur du salarié puisqu'il l'autorise à exercer un droit de retrait s'il estime être en situation dangereuse.

FICHE 16. La politique menée en faveur des enfants handicapés

La loi du 11 février 2005 fixe plusieurs objectifs :
- maintenir l'enfant dans un cadre ordinaire de vie, ce qui implique l'attribution d'une aide à la famille pour faire face aux contraintes matérielles et financières liées au handicap ;
- soumettre les enfants à « l'obligation éducative » en leur permettant de recevoir la même éducation que les autres ou, à défaut, en leur offrant une éducation spéciale gratuite déterminée en fonction des besoins particuliers de chacun ;
- mener une politique active de prévention contre les handicaps de l'enfance.

1. L'assistance aux familles

- La Commission des droits et de l'autonomie, qui se réunit dans le cadre de la Maison départementale des personnes handicapées présidée par le Conseil départemental, joue un rôle clé dans l'assistance aux familles confrontées au handicap de leur enfant.

- Sa section « Enfance », composée de conseillers départementaux, de représentants de l'inspection d'académie, des organismes de Sécurité sociale, d'établissements s'occupant d'enfants handicapés et des associations de parents, agit sur deux plans :
– elle oriente l'enfant vers le parcours éducatif le plus approprié, et le cas échéant vers l'établissement le plus adapté à son handicap, en essayant d'instaurer un dialogue avec la famille ;
– elle porte une appréciation technique pour l'octroi des aides financières.

- Ces aides sont de deux types :
– en espèces : l'**Allocation d'éducation de l'enfant handicapé** (AEEH) est versée aux familles qui assument la charge d'un enfant de moins de 20 ans (275 000 bénéficiaires – plus de 1,2 milliard d'euros), dont le taux d'incapacité est d'au moins 80 %, ou situé entre 50 et 80 % dans certains cas. Versée sans condition de ressources, elle peut être augmentée en fonction de l'importance du recours à une tierce personne pour aider la famille. Ses compléments – au nombre de six – permettent de mieux prendre en compte les différents degrés de handicap et les besoins afférents de la famille. Une

réforme du financement de l'AEEH est en gestation. Elle conduirait à transférer les fonds alloués de la branche « Famille » vers la branche « Dépendance » ;
– en nature : la « Prestation de compensation du handicap » au profit des enfants complète l'AEEH si la famille opte pour cette prestation, plutôt que pour les compléments décrits ci-dessus. Elle permet de financer tout ou partie d'une aide humaine, technique, d'un aménagement du logement ou du véhicule rendu nécessaire par le handicap, des dépenses spécifiques ou exceptionnelles, voire une aide animalière.

Enfin, les caisses de Sécurité sociale sur leurs fonds d'action sociale, ou le fonds de compensation de la MDPH, peuvent verser des aides aux familles pour les frais non pris en charge par ailleurs.

2. Les mesures éducatives

• On dénombre environ 370 000 enfants handicapés scolarisés en milieu ordinaire. L'intégration peut être individuelle ou collective, à temps partiel ou à temps plein. En l'absence de difficultés réelles, un refus de principe ne saurait être opposé à l'intégration scolaire d'un élève handicapé dans le système scolaire classique.

• La mise en œuvre de ce principe exige la sensibilisation des milieux enseignants, l'appréciation correcte des besoins en soutien spécialisé (qualification du personnel, temps nécessaire et lieux d'intervention), le développement des services de soins en milieu scolaire, et l'adaptation matérielle de l'établissement (accès, équipements, etc.).

• Lorsque l'intégration scolaire classique est rendue impossible par la gravité du handicap, des **structures spécialisées** prennent 150 000 enfants en charge sur le plan éducatif, ainsi que pour leur prodiguer des soins : les centres d'action médico-sociale précoce pour les 0-6 ans, les Instituts médico-éducatifs pour les handicapés mentaux (IME), les établissements pour polyhandicapés, handicapés moteurs et sensoriels.

3. Le rôle capital de la prévention

Plusieurs acteurs interviennent dans la prévention des handicaps, en particulier avant la naissance et pendant la petite enfance :
– la Protection maternelle et infantile (conseil départemental) accompagne les futures mamans pendant leur maternité : des examens sont obligatoires à

différents stades de la grossesse ; des mesures de précaution et de dépistage sont proposées.
Après la naissance, la PMI intervient encore dans le suivi des jeunes enfants : des visites chez le médecin sont obligatoires jusqu'aux 3 ans de l'enfant, pour évaluer son développement. Un médecin de la PMI intervient également dans les écoles maternelles ;

– dès la scolarisation en classe primaire, la médecine scolaire est censée prendre le relais. En pratique, son manque de moyens nuit souvent à son efficacité ;

– les Centres d'action médico-sociale précoce jouent également un rôle de prévention et de dépistage des handicaps pour les 0-6 ans. Mais les familles confrontées à un handicap peu visible à l'origine sont souvent mal informées de l'existence de ces structures ; elles sont orientées tardivement vers elles, ce qui retarde d'autant la mise en œuvre de l'accompagnement et de la prise en charge du handicap de l'enfant.

FICHE 17. Perspectives et regard international

Les réformes initiées par la France depuis 2005 la rapprochent de la politique sociale très développée des pays nordiques ou du Japon en faveur de leur population handicapée. Dans ces pays, en effet, la philosophie qui guide la politique sociale est la suivante : la société doit tenter de s'adapter aux personnes handicapées, et non l'inverse.

1. De réels progrès depuis 2005

- La loi du 11 février 2005 a été une réelle avancée pour la prise en charge des conséquences du handicap.

Les personnes handicapées s'adressent désormais à un « guichet unique » – la Maison départementale des personnes handicapées – et non plus à une multitude d'acteurs.

- Les efforts ont porté sur :

– la création de nouvelles places d'accueil ;
– une meilleure planification des établissements grâce au PRIAC, le Programme interdépartemental d'accompagnement des handicaps et de la perte d'autonomie, qui vise à améliorer la connaissance des besoins, pour passer d'une offre de moyens à une réponse prioritaire aux besoins réellement constatés. Les agences régionales de santé en sont les pilotes ;
– le développement de l'accueil de jour des personnes handicapées et des structures de répit, au bénéfice des « aidants », dans le cadre du « plan Alzheimer » : les familles des personnes handicapées étant souvent épuisées par la prise en charge du handicap ;
– la hausse des moyens des MDPH pour faire face à des demandes croissantes et les recentrer sur l'accompagnement des personnes handicapées, grâce à des fonds supplémentaires de la Caisse nationale de solidarité pour l'autonomie (CNSA).

Le précédent gouvernement avait réformé l'AAH en 2008 et augmenté son montant de 25 % entre 2008 et 2012. Le gouvernement actuel annonce qu'il portera son montant à 903 euros mensuels en 2021.

Pourtant, une étude de l'Inspection générale des affaires sociales (IGAS) de novembre 2014 indiquait que les personnes handicapées vivent moins dans la pauvreté que les autres bénéficiaires de minima sociaux, et que les problé-

matiques relevées (rupture de droits, faible taux d'emploi, faible niveau de formation) naissent souvent d'une insuffisante coordination des acteurs sociaux.
Les pouvoirs publics envisagent de conférer des « droits à vie » à leurs prestations sociales pour les personnes dont le handicap n'évoluera pas favorablement. Un « forfait d'intervention précoce » serait aussi alloué rapidement aux enfants présentant des troubles autistiques, dans le cadre de la « stratégie nationale » déployée en 2019.

2. L'efficacité des dispositifs reste néanmoins contestée

• Malgré une première réforme par la loi du 28 juillet 2011, les Maisons départementales des personnes handicapées ont peiné à trouver leur rythme de croisière et à traiter les nombreuses demandes en souffrance auprès des précédentes structures. Leur gouvernance pourrait évoluer encore sous l'impulsion des pouvoirs publics. Les moyens alloués par les conseils départementaux et complétés par la Caisse nationale de solidarité pour l'autonomie (CNSA) sont variables d'un département à l'autre, ce qui ne garantit pas l'égalité de traitement des personnes handicapées sur tout le territoire. Il existe toujours des cloisonnements : le PRIAC précité est supervisé par les Agences régionales de santé ; est-il suffisamment articulé avec le schéma départemental pour les personnes handicapées, élaboré par chaque Conseil départemental ?

• Les Maisons départementales des personnes handicapées (MDPH) hésitent aussi sur la limite à fixer au public accueilli : les personnes âgées, dont le handicap est lié au vieillissement, doivent-elles être prises en charge par la MDPH ? Après labellisation par la Caisse nationale de solidarité pour l'autonomie, ces structures peuvent devenir des maisons départementales de l'autonomie et prendre également en charge les personnes âgées, handicapées du fait de l'âge, dans le cadre du « cinquième risque » de protection sociale (le risque « dépendance »). Une seule méthode d'évaluation « multidimensionnelle » des besoins est ainsi expérimentée.

• La Cour des comptes souligne régulièrement les carences de l'hébergement collectif (manque de moyens des organismes financeurs ; système complexe de tarification des établissements) comme de l'hébergement à domicile. Ainsi, plusieurs régions sont dépourvues de centres de rééducation professionnelle ; de jeunes adultes sont maintenus par défaut dans des établissements pour enfants, faute de places disponibles dans les établissements pour adultes. Plus de 15 000 enfants sont sur liste d'attente pour accéder à un établissement spécialisé. Des familles sont forcées de placer leur parent handicapé dans des pays frontaliers comme la Belgique, mais l'assurance maladie ne financera plus, pour l'avenir, les nouveaux placements à l'étranger.

• À l'autre extrême de la vie, les personnes handicapées vieillissantes sont également mal prises en charge.

• Par ailleurs, la difficulté d'intégration des personnes handicapées dans le milieu ordinaire du travail est telle que beaucoup d'entreprises préfèrent payer la contribution à l'AGEFIPH. Elles souffrent également d'un manque de qualification. Ainsi, plus de 250 000 personnes handicapées, déclarées aptes à travailler, ne trouvent pas d'emploi. Ces personnes pâtissent également d'un faible niveau de formation.

• De plus, l'accès à de nombreux services reste encore problématique pour les personnes handicapées (transports urbains, bureaux de vote, etc.). Un Observatoire de l'accessibilité a été créé en 2010 et placé auprès du Premier ministre. Néanmoins, les associations de soutien aux personnes handicapées, nombreuses et bien structurées, font régulièrement part de leur mécontentement sur les faibles progrès réalisés en matière d'accessibilité, faute de textes exigeants et de sanctions suffisantes.

• Enfin, les enfants handicapés sont insuffisamment intégrés dans le système scolaire classique, qui estime ne pas disposer des moyens nécessaires pour leur apporter les services et la disponibilité dont ils ont besoin. 20 000 enfants n'ont pas de solution de scolarisation ou souffrent de ruptures dans leur parcours de scolarisation, notamment lors de l'accès au second degré ou à l'université.

• La volonté de favoriser l'intégration complète des personnes handicapées est en soi une bonne raison de réformer la loi pour rendre la politique du handicap plus efficiente. Il en est une autre : la France consacre chaque année près de 50 milliards d'euros à cette politique en augmentation constante.
Or la clé du succès réside peut-être moins dans l'ampleur des moyens financiers consentis que dans la meilleure coordination des acteurs pour favoriser un accompagnement social et professionnel plus efficace des personnes handicapées.

FICHE 18. Test

QCM

1 Combien y a-t-il de personnes handicapées (de moins de 60 ans) en France ?

- ❍ a. 500 000.
- ❍ b. 1,5 million.
- ❍ c. 4,6 millions.

2 Les places en établissements spécialisés pour personnes handicapées sont :

- ❍ a. En nombre insuffisant par rapport aux besoins.
- ❍ b. En nombre supérieur par rapport aux besoins, après un développement exponentiel ces dernières années.

3 L'AAH est remplacée par la prestation de compensation depuis le 1er janvier 2006.

- ❍ a. Vrai.
- ❍ b. Faux.

4 La Maison départementale des personnes handicapées est une instance relevant du conseil départemental.

- ❍ a. Vrai.
- ❍ b. Faux.

5 L'ESAT est :

- ❍ a. Un Établissement ou service d'aide par le travail.
- ❍ b. Un Établissement ou service des accidentés du travail.

6 Toute entreprise a l'obligation de cotiser auprès d'un organisme assurant la médecine du travail.

- ❍ a. Vrai.
- ❍ b. Faux.

7 La majorité des entreprises :

- ❍ a. Respectent l'obligation d'emploi de personnes handicapées.
- ❍ b. Ne respectent pas l'obligation d'emploi.

8 L'orientation des travailleurs handicapés vers un milieu de travail adapté est prononcée par :

- ❍ a. La médecine du travail.
- ❍ b. L'AGEFIPH.
- ❍ c. La CDAPH.

9 La CNSA est :

- ❍ a. La Caisse nationale de soutien aux accidentés du travail.
- ❍ b. La Caisse nationale de solidarité pour l'autonomie.

10 L'Allocation aux adultes handicapés bénéficie à :

- ❍ **a.** 91 000 personnes.
- ❍ **b.** 181 000 personnes
- ❍ **c.** 1,25 million de personnes.

Corrigé

1. **c.** ; 2. **a.** ; 3. **b.** ; 4. **a.** ; 5. **a.** ; 6. **a.** ; 7. **b.** ; 8. **c.** ; 9. **b.** ; 10. **c.**

PARTIE 4

La politique en faveur des aînés

FICHE 19. La prise en charge de la dépendance liée à l'âge

Le vieillissement de la population française est une donnée démographique préoccupante : les personnes de plus de 60 ans représentaient 13 % de la population en 1900, 26,8 % aujourd'hui. Notre société doit prendre en compte ce fait majeur, et en particulier ses conséquences économiques et sociales : sur le plan social, le vieillissement engendre des besoins nouveaux en termes de services à la personne et d'hébergement adapté, pour faire face à la dépendance et aux handicaps générés par le grand âge ; sur le plan économique, cette évolution démographique remet en cause l'équilibre des régimes de retraite.

• Dans le passé, les personnes les plus âgées étaient prises en charge dans le cadre de la solidarité familiale. Aujourd'hui, près d'un tiers des personnes âgées de 60 ans et plus vivent seules. L'évolution des modes de vie et des mentalités conduit les enfants à faire preuve d'une disponibilité moindre à l'égard de leurs aînés ; et les aînés à refuser d'être une charge pour leurs enfants. La prise en compte de ces exigences sociales a conduit l'Allemagne à faire de la prise en charge de la dépendance un « risque » spécifique assumé par la collectivité.
Le législateur français a choisi une autre solution, en confiant la prise en charge de la dépendance à l'aide sociale gérée par le conseil départemental, par la loi du 21 juillet 2001. Cette orientation a été renforcée par la loi du 13 août 2004, qui fait du Conseil départemental le pivot de l'action sociale en faveur des personnes âgées. La loi relative à l'adaptation de la société au vieillissement du 28 décembre 2015 a parachevé le dispositif.

• Le législateur a donné une définition de la personne dépendante, « **dans l'incapacité d'assumer les conséquences du manque ou de la perte d'autonomie liés à son état physique ou mental** ». Sur cette base, on estime le nombre de personnes âgées dépendantes à 2,4 millions environ en France.

1. Un hébergement adapté à l'état de santé

• **Le maintien de la personne âgée à son domicile** est une priorité affichée depuis longtemps par les pouvoirs publics. En effet, il répond davantage aux souhaits des personnes âgées, et est moins coûteux pour la collectivité. Il repose également davantage sur la solidarité familiale.

Les Conseils départementaux, sur leurs fonds d'aide sociale, et les caisses de Sécurité sociale, sur leurs fonds d'action sanitaire et sociale, œuvrent traditionnellement en ce sens : ils financent des services d'aide ménagère, de portage de repas, de soins à domicile, qui sont devenus des alternatives crédibles à l'hospitalisation. Ces aides ne résolvent cependant pas toutes les difficultés rencontrées par la personne âgée souhaitant vivre à son domicile : il reste souvent un ticket modérateur à sa charge, qu'elle n'est pas toujours en mesure d'honorer.

• Depuis 2001, le gouvernement a initié une politique ambitieuse, pour lever les obstacles au **maintien à domicile** :
– des réseaux de santé coordonnent les soins dispensés par les hôpitaux, médecins, infirmières, kinésithérapeutes pour améliorer leur efficience et éviter des hospitalisations uniquement justifiées par le grand âge de la personne (plus que par des problèmes de santé aigus). Les Agences régionales de santé s'impliquent dans le financement de ces initiatives, qui offrent aux personnes âgées une alternative à l'hospitalisation et sont moins coûteuses pour la collectivité ;
– en 2006 a été créé un congé de soutien familial, devenu « congé de proche aidant » en 2015, pour soulager les aidants familiaux s'occupant de personnes âgées ou handicapées ;
– le « droit au répit » est consacré par la loi du 28 décembre 2015.

• Lorsque le maintien à domicile n'est plus envisageable, deux autres modes d'hébergement peuvent prendre le relais : les trois quarts du budget d'aide sociale consacré par le Conseil départemental aux personnes âgées concernent **l'hébergement en établissement ou dans une famille d'accueil** :
– le président du Conseil départemental agrée les familles d'accueil, les contrôle et organise leur formation. La loi de modernisation sociale du 17 janvier 2002 a revalorisé le statut de l'accueillant ;
– l'hébergement temporaire ou permanent en établissement permet à environ 10 000 structures d'accueillir 720 000 résidents. Cependant, les difficultés d'accès à ce mode d'hébergement sont nombreuses :
  • malgré le versement de l'APA, le séjour en établissement est très coûteux. Des familles font aujourd'hui le choix de sortir leur aîné d'un établissement et d'en assumer la charge, pour limiter les frais. Le rapport Libault sorti début 2019 propose de réduire ce reste à charge,
  • la prise en charge de la dépendance accroît les coûts du séjour en établissement. La tarification appliquée dans ces résidences a été réformée, mais est perfectible et ses modalités ont été contestées par les fédérations

FICHE 19

d'établissements qui fustigent le manque de moyens humains dans les établissements, faute de financement suffisant,
• la dépendance pèse aussi sur les dépenses d'assurance maladie – les personnes de plus de 60 ans (26 % de la population) représentent 45 % des dépenses de santé. Et quand le régime de base ne couvre pas toute la dépense, la personne âgée dépendante doit souvent souscrire une complémentaire santé très coûteuse.

• La détermination des zones prioritaires relève de la responsabilité du président du Conseil départemental, qui arrête un **schéma gérontologique départemental**, avec deux objectifs : le repérage des besoins et la coordination des actions, pour une approche globale du vieillissement intégrant l'adaptation de l'habitat, l'accès aux soins, aux services permettant le maintien à domicile, le soutien à la famille quand elle prend en charge un parent, etc.

• Il convient aussi de citer le fait que l'hôpital intervient souvent en dernier ressort, bien que ce ne soit pas son rôle : il accueille les personnes les plus dépendantes ou celles qui ne peuvent, faute de moyens, être hébergées en établissement pour personnes âgées. Les schémas régionaux de santé ont inscrit dans les priorités sanitaires des régions le développement des spécialités relatives au grand âge, notamment dans les petits hôpitaux locaux, souvent en reconversion pour accueillir des personnes âgées et qui se spécialisent dans la gériatrie et la gérontologie.

2. La solvabilisation des personnes âgées, pour leur permettre de réaliser leur projet de (fin de) vie

• Constatant que les retraites ne suffisent pas toujours aux personnes âgées pour faire face aux dépenses générées par la dépendance, la loi du 21 juillet 2001 a initié une réforme d'envergure : la création de l'**Allocation personnalisée à l'autonomie** (APA), améliorée par la loi du 28 décembre 2015.
Ces deux textes solvabilisent les personnes âgées pour leur permettre d'accéder aux services de leur choix et favorisent une prise en charge globale des problématiques qu'elles rencontrent.

• Ainsi, la perte d'autonomie est évaluée à partir d'une grille nationale comprenant six Groupes iso-ressources (GIR), qui permet de classer les personnes en fonction de leur degré de dépendance. De ce classement dépend ensuite la nature des aides apportées à chaque personne en fonction de ses besoins particuliers.

Une équipe médico-sociale associant travailleur social et médecin est ainsi chargée de définir le « GIR » le plus adapté pour chaque demandeur.

- L'APA est une prestation en nature. Le bénéficiaire doit justifier de l'utilisation de la prestation (emploi direct d'une aide à domicile, ou paiement de services).

Cette prestation est d'autant plus intéressante qu'elle parvient enfin à concilier deux notions autrefois contradictoires en droit social : égalité et équité. En effet, elle est versée selon les mêmes modalités sur l'ensemble du territoire français ; elle bénéficie aux personnes âgées quel que soit leur choix de vie : à domicile ou en maison de retraite ; en outre, les conditions d'accès sont larges et n'excluent qu'un nombre limité de personnes, ayant des revenus élevés. Cependant, son montant est modulé en fonction des ressources (un ticket modérateur est laissé à la charge des bénéficiaires les plus aisés), ce qui préserve l'équité.

- L'APA est donc une avancée sociale significative, mais qui devra évoluer pour surmonter ses limites :

– l'aide sociale aux personnes âgées représente le quatrième poste de dépenses dans le budget social des conseils départementaux, et certains peinent à faire face à cette dépense, malgré le financement complémentaire apporté par la Caisse nationale de solidarité pour l'autonomie ;
– l'APA permet de financer les services de travailleurs à domicile (ou de pourvoir des postes supplémentaires dans les maisons de retraite). Or les associations intervenant en faveur des personnes âgées attirent l'attention des pouvoirs publics sur le fait que la main-d'œuvre qualifiée n'est pas illimitée. Des plans de développement des services ont été initiés par les pouvoirs publics depuis 2006 (création du chèque emploi service universel, formation des salariés pour assurer leur professionnalisation, etc.). Le secteur est néanmoins en crise, les associations peinant à trouver l'équilibre économique ;
– la coordination des acteurs est toujours le point faible de l'aide aux personnes dépendantes. La loi d'adaptation de la société au vieillissement du 28 décembre 2015 a instauré une « conférence des financeurs », qui associe les départements, les régimes de retraite de base et l'Agence régionale de santé. Elle peut attribuer des aides techniques en complément de l'APA et tentent de coordonner les acteurs de la prévention de la perte d'autonomie ;
– ce manque de coordination pénalise aussi les aidants, qui supportent à domicile la charge d'un conjoint ou d'un ascendant dépendant et qui se sentent souvent très isolés.

• Une nouvelle loi « Dépendance » avait été annoncée pour fin 2019, qui devait prévoir la création de postes supplémentaires dans les EHPAD, le développement de l'accueil temporaire et la baisse du reste à charge pour les personnes en établissements. Cependant, le projet s'est enlisé.

3. La préservation du rôle social des personnes âgées

• Par leur nombre comme par leur poids économique, les personnes âgées représentent une catégorie de la population – et un électorat – que les pouvoirs publics ne peuvent négliger.
Aussi des structures particulières représentent-elles leurs intérêts, comme le Conseil départemental de la citoyenneté et de l'autonomie (CDCA). Composé de membres du Conseil départemental et des personnes qualifiées, il a un rôle consultatif notamment pour l'élaboration des programmes sociaux et médico-sociaux. Sa réforme en 2016 a été mal perçue, car il traite désormais des problématiques de deux populations – personnes âgées et personnes handicapées – qui ne sont pas systématiquement similaires.

• Le droit social français est donc extrêmement complet en faveur des personnes âgées, il a su s'adapter pour faire face aux conséquences sanitaires et sociales des évolutions démographiques, et en particulier du vieillissement de la population. Cependant, la part des aides aux personnes âgées dans les dépenses de protection sociale est très élevée – 46 % – et la mise en œuvre d'aides supplémentaires risquerait de se heurter à l'incompréhension des autres catégories de population : les actifs notamment, qui contribuent déjà grandement au financement de la retraite de leurs aînés… Ce constat a peut être guidé les pouvoirs publics dans leur décision d'accroître en 2018 la CSG sur les retraites pour financer davantage l'assurance maladie.

• Enfin, le bien-être des aînés ne dépend pas seulement des pouvoirs publics et des aides financières qui peuvent être proposées. En témoignent les données sur la **maltraitance des personnes âgées**, dans leur propre famille comme dans certains établissements.

FICHE 20. La retraite

Le poids des retraites devrait passer de 11,6 % du PIB en 2000 à 15,7 % (hypothèse basse) en 2040. À l'heure où les générations du « baby-boom » arrivent en masse à l'âge de la retraite, les aléas de la croissance économique, dont dépend étroitement le financement des retraites, font craindre la faillite du système français des retraites. Or la retraite est une composante majeure du revenu des personnes de plus de 60 ans.

1. Une mosaïque de régimes de retraite

• Dès les années 1930, quelques professions se sont organisées pour créer leur régime de retraite. À l'issue de la Seconde Guerre mondiale, le « régime général » a été mis en place au profit des salariés de l'industrie et du commerce, pour pallier les dérives du système précédent. En effet, ce dernier reposait exclusivement sur les économies réalisées par les personnes tout au long de leur vie active ; or une guerre ou une crise économique majeure suffisaient, par le jeu de l'inflation, à réduire à néant et en peu de temps les revenus accumulés pendant une vie de labeur.

• Le système assurantiel des **retraites par répartition**, créé en 1946 et toujours en vigueur, présente plusieurs avantages majeurs :
– il repose sur une solidarité entre les générations, les personnes actives finançant les retraites servies au même moment aux personnes retraitées ;
– il résiste à l'inflation, grâce à ce mécanisme de financement-reversement en temps réel ;
– il est beaucoup moins risqué que les systèmes de **retraite par capitalisation**, en vigueur dans les pays anglo-saxons par exemple : dans ces pays, ce sont les économies réalisées par les actifs au cours de leur vie qui, après avoir été placées, financent leur propre retraite. La fragilité du système par capitalisation tient donc à sa sensibilité à l'inflation et aux évolutions de la Bourse qui régissent les bons ou mauvais résultats des produits de placement.

• Le système français n'est cependant pas uniforme. Il n'a de « général » que le nom, puisque les régimes français de retraite se caractérisent par leur multiplicité et la diversité des règles qui leur sont propres, tant pour les conditions d'ouverture des droits que pour le niveau des pensions.

• On dénombre ainsi :
– le régime général auquel cotisent plus de 70 % des actifs ;

– des régimes spéciaux (offrant une couverture totale) ou particuliers (offrant une couverture partielle et dépendant d'autres régimes pour certains risques) pour certaines catégories de salariés : les fonctionnaires civils et militaires, les agents des collectivités territoriales, de la SNCF, des mines, etc. auxquels cotisent 20 % des actifs ;
– des régimes autonomes, pour certaines professions non salariées (exploitants agricoles), libérales (10 % des cotisants).

• Pour appréhender la complexité du système, il faut encore connaître les caractéristiques suivantes :
– ces régimes ne proposent pas les mêmes garanties, pour des raisons souvent historiques. Certaines catégories socio-professionnelles ont souhaité limiter le niveau de leurs cotisations, comptant sur d'autres sources de revenus pour assurer leur retraite (vente du fonds de commerce ou de l'exploitation agricole). Leurs pensions de retraite sont plus faibles que dans le régime général ;
– une même personne peut prétendre à la retraite auprès de plusieurs régimes, si elle a exercé plusieurs activités professionnelles ;
– les **régimes de base** sont complétés par des **régimes complémentaires** de retraite souvent obligatoires, qui versent une pension dont le montant varie selon la profession exercée, les cotisations versées et la durée de versement ;
– ces systèmes réforment leurs structures et leurs prestations, afin de faire face à leurs difficultés. Ainsi, les pouvoirs publics ont organisé l'absorption des instances de gestion du régime des indépendants par le régime général (sans harmonisation des droits et cotisations). Les caisses de retraite complémentaire des cadres et non cadres ont fusionné en 2019 et harmonisent partiellement leurs paramètres.
Une réflexion sur la mise en place d'une réforme des retraites avait été engagée par Emmanuel Macron dès son arrivée à l'Élysée en 2017, mais le mouvement des Gilets jaunes, l'épidémie de la Covid-19 et les nombreuses critiques qui lui ont été faites ont remis en cause les grands principes arrêtés.

Les régimes de retraite en France (synthèse)

	RETRAITE DE BASE	RETRAITE COMPLÉMENTAIRE
SALARIÉS		
Salariés de l'agriculture	MSA – Mutualité sociale agricole	ARRCO-AGIRC Retraite complémentaire des salariés et des cadres (1)
Salariés de l'industrie, du commerce et des service	Caisse Nationale d'Assurance Vieillesse (CNAV) Régime général de Sécurité sociale	
Agents non titulaires de l'État et des collectivités publiques		IRCANTEC
Salariés relevant d'entreprises ou professions à statut particulier	Banque de France – Retraite des mines – ENIM (marins) – RATP – SNCF – Opéra de Paris, etc.	
FONCTIONNAIRES		
Fonctionnaires de l'État, magistrats et militaires	Service des pensions de l'État	RAFP Retraite additionnelle
Agents de la fonction publique territoriale et hospitalière	CNRACL Caisse nationale retraite des agents des collectivités territoriales	
NON SALARIÉS		
Exploitants agricoles	MSA – Mutualité sociale agricole	
Artisans, commerçants, industriels	CNAV (2)	
Professions libérales	CNAVPL (professions libérales), CRN (notaires), CARMF (médecins), CAVP (pharmaciens), CAVAMAC (agents d'assurance), CAVEC (experts-comptables), etc.	
Membres des cultes	CAVIMAC	
Artistes, auteurs	CNAV	IRCEC

(1) Fusion en 2019.
(2) Absorption du régime social des indépendants par le régime général en 2019.

2. La situation contrastée des régimes de retraite

• Deux grandes évolutions concomitantes contribuent à la dégradation du rapport démographique entre cotisants et retraités :
– la population active, qui cotise pour que soient servies les pensions des actuels retraités, augmente faiblement ;
– le chômage exclut des actifs du marché du travail. Ce sont autant de cotisations, donc de recettes, qui ne rentrent pas dans les caisses des régimes de retraite.

• Dans ces conditions, certains régimes doivent faire face à des difficultés financières qui hypothèquent leur survie, surtout lorsqu'ils subissent un rapport démographique particulièrement défavorable comme le régime des mines par exemple.

• Une première réforme d'envergure a été conduite pour le régime général, par la loi du 22 juillet 1993. Les conditions d'obtention de la retraite à taux plein ont été durcies.
Les effets de cette réforme d'envergure n'ont cependant pas apporté les résultats escomptés.
Les régimes de retraite qui connaissent les plus grandes difficultés financières n'avaient pas été réformés en 1993. Or le **rapport démographique entre actifs et retraités** à la SNCF n'est que de 0,56 par exemple.
Celui du régime des fonctionnaires de l'État subit également une forte dégradation : on compte actuellement 0,90 cotisant pour un retraité, et le vieillissement se poursuit. Ce régime est en outre relativement généreux, car il est censé compenser le faible niveau de rémunération des fonctionnaires pendant leur vie active : il attribue une pension égale à 75 % du dernier salaire pour une durée d'assurance complète. La cotisation retraite payée par les fonctionnaires est assez faible et ne couvre que 20 % des prestations versées, le solde étant financé par des cotisations fictives de l'État, qui est ici son propre assureur.

• De nombreux rapports (du Conseil d'orientation des retraites notamment) ont souligné **la nécessité d'accroître le taux et la durée d'activité des actifs**.

• Le mouvement réformateur, ébauché en 1993, a donc été complété.
La loi de financement de la Sécurité sociale pour 1999, complétée par celle du 17 juillet 2001, a certes créé un **fonds de réserve** pour prévenir les difficultés de financement des régimes de retraite. Mais les ressources qui lui sont affectées ne garantissent pas la pérennité des régimes. En outre, le fonds traite un symptôme – le manque de ressources des régimes de retraite – mais ne traite pas les causes du problème – le déséquilibre rédhibitoire entre dépenses et recettes.

• La réforme du 21 août 2003 a progressivement accru la durée d'assurance exigée pour obtenir une retraite à taux plein, dans tous les régimes de base. En revanche, les assurés ayant travaillé très jeunes (entre 14 et 16 ans) et totalisant déjà le nombre de trimestres requis peuvent partir avant 60 ans, à titre dérogatoire.
Cette loi a été complétée par celle du 10 novembre 2010, qui porte progressivement la retraite à taux plein à 67 ans, et l'âge légal de la retraite à 62 ans. Les régimes spéciaux sont progressivement alignés sur le régime général (2017).

• Ces mesures se sont avérées insuffisantes pour pallier le besoin de financement des régimes de retraite. L'Assemblée nationale a adopté le 18 décembre 2013 une loi visant à :
– allonger de nouveau la durée d'assurance requise pour une retraite à taux plein. L'allongement sera progressif, jusqu'à 172 trimestres (43 ans) pour les assurés nés en 1973 ;
– accroître une nouvelle fois les cotisations retraites à la charge de l'employeur et du salarié, chaque année de 2014 à 2017 ;
– créer un compte « pénibilité » : le salarié qui a été exposé à plusieurs facteurs de pénibilité au travail (port de charges, etc.) cumule des points et pourra bénéficier de la retraite avant l'âge légal.

• Les retraites complémentaires obligatoires ne sont pas épargnées par les problématiques démographiques et financières, et se réforment à la suite de l'accord du 16 octobre 2015 entre les partenaires sociaux.

• Les pouvoirs publics ont aussi créé les PERP – plan d'épargne retraite populaire. En effet, même si la préservation de la retraite par répartition est indispensable – en témoignent, si besoin, les pertes accusées par de nombreux épargnants anglo-saxons lors des affaires Maxwell, Madoff, ou simplement lors des crises boursières –, d'autres systèmes de retraite peuvent venir en complément : retraite par capitalisation, épargne salariale en vue de la retraite, sur le modèle des dispositifs existant aux États-Unis, en Grande-Bretagne, Allemagne, etc. Ces systèmes devront faire l'objet d'une surveillance active, pour éviter les malversations, qui ont ruiné des millions de petits épargnants.

• La situation financière des régimes de retraite s'est améliorée depuis 2017, sans atteindre l'équilibre, néanmoins. La réforme initiée par Emmanuel Macron et le Haut-commissaire à la réforme des retraites devait initialement inclure de nouvelles mesures de maîtrise des dépenses en instaurant, notamment, une décote pour les personnes prenant leur retraite avant 64 ans ; cette réforme a été *de facto* reportée *sine die*.

3. Les revenus des retraités

- Ce paragraphe explique le mode de calcul de la retraite des salariés puisqu'ils constituent la catégorie professionnelle la plus nombreuse en France. D'autant que, contrairement à certaines autres professions, la **pension de retraite** compose l'essentiel du revenu des retraités salariés, même si des revenus complémentaires – rentes immobilières notamment – la complètent dans certains cas.
- Les lois précitées du 22 juillet 1993, 21 août 2003 et 18 décembre 2013 ont durci les conditions pour bénéficier d'une retraite à taux plein : la durée de cotisation nécessaire n'est plus de 150 trimestres (37,5 ans) mais de **165 trimestres, c'est-à-dire 41 ans pour les assurés nés en 1954, jusqu'à 172 pour ceux nés en 1973 (43 ans)**.
- La réforme a également fixé le salaire de référence (servant de base au calcul du montant de la retraite) aux vingt-cinq meilleures années de cotisation et non plus aux dix meilleures. Attention, cette référence serait supprimée dans la future réforme.
- Les pensions ne sont plus indexées sur le salaire moyen brut, mais sur les prix (ce qui est moins intéressant, en période de faible inflation).
- La formule de calcul des pensions est restée inchangée :

$$\text{Pension} = \text{salaire annuel moyen brut} \times \text{taux} \times \frac{\text{durée d'assurance au régime}}{\text{166 (variable selon l'année de naissance)}}$$

- Le montant de la pension représente un taux maximum de 50 % du montant du salaire de référence, et ne peut excéder 50 % du plafond de Sécurité sociale (3 428 euros en 2021). Le taux varie en fonction du nombre de trimestres acquis. Certaines périodes non travaillées peuvent cependant être validées : périodes de chômage ou de maladie, service militaire, dans certaines limites. La durée d'assurance peut être majorée en fonction du nombre d'enfants.
- L'assurance vieillesse a aussi prévu la réalisation et l'indemnisation de certains risques : au décès d'un assuré social, le conjoint survivant peut bénéficier, sous condition de ressources, d'une **pension de réversion** à l'âge de 55 ans. Son montant est égal à 54 % de la pension perçue par l'assuré décédé. Une allocation de veuvage peut également être temporairement attribuée.
- Lorsque le système assurantiel ne suffit pas à assurer un revenu décent aux personnes de plus de 65 ans, elles peuvent solliciter le bénéfice de prestations à caractère alimentaire.

• **De la solidarité nationale relèvent en effet les prestations non contributives**, financées par l'impôt à travers le fonds de solidarité vieillesse, et qui ne sont pas conditionnées par une durée ou un niveau minimum de cotisations. Elles sont versées par les caisses de retraite, pour le compte de l'État.
Ainsi, l'allocation de solidarité aux personnes âgées bénéficie à près de 600 000 personnes, en majorité des femmes n'ayant pas travaillé assez longtemps pour obtenir une retraite suffisante. Ce nombre de bénéficiaires diminue en proportion du nombre de retraités depuis les années 2000 grâce à la constitution de carrières complètes.
Ces prestations peuvent être récupérées sur la succession de l'allocataire lorsque l'actif successoral le permet.

• Enfin, le vieillissement des personnes âgées accroît leurs besoins en services. Or certains retraités bénéficiant pourtant d'une pension à taux plein sont parfois obligés de solliciter des aides pour parvenir à financer ces services : âgés de plus de 65 ans, ils sont admis au bénéfice de l'aide personnalisée à l'autonomie (voir fiche 19), voire des autres prestations de **l'aide sociale aux personnes âgées**, octroyées par le Conseil départemental pour favoriser le maintien à domicile – aide-ménagère, aide-soignante, portage de repas au domicile – ou permettre un placement dans un établissement.

La constitution de la retraite (salariés de l'industrie et du commerce)

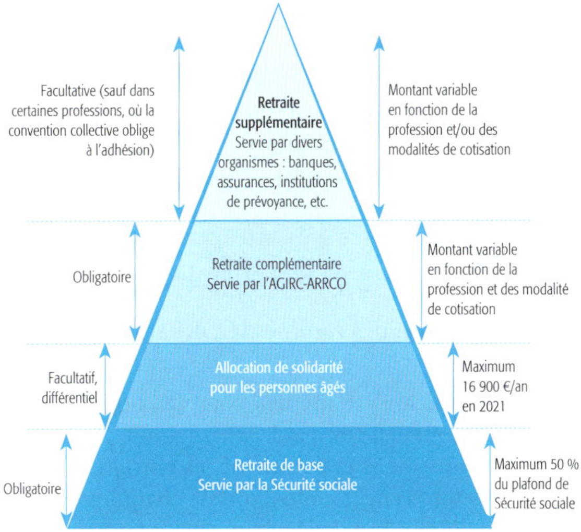

FICHE 21. Perspectives et regard international

Le risque vieillesse représente la part la plus importante des dépenses sociales (46 %) et concerne 14,7 millions de retraités. Sur le long terme, on note une augmentation régulière des dépenses à cause de l'augmentation du nombre de futurs retraités : 170 000 par an. Plusieurs réformes ont donc été indispensables pour maîtriser le nombre de départs en retraite.

- La problématique est la même pour les régimes de retraite complémentaire. L'ARRCO et l'AGIRC tentent d'assainir leur situation financière.
L'accord du 16 octobre 2015 signé entre les partenaires sociaux a instauré, à partir de 2019, un « bonus-malus » pour inciter les futurs retraités à travailler plus longtemps.
L'AGIRC et l'ARRCO ont fusionné le 1er janvier 2019, en application de l'accord du 17 novembre 2017. Les taux et assiettes de cotisation sont désormais harmonisés pour les salariés et les cadres. Le niveau des pensions pourra être modulé en cas de déficit financier du régime.

- Le Japon, la Grande-Bretagne et de nombreux pays industrialisés ont repoussé l'âge minimum de la retraite à 65 ans, voire 67 ans en Allemagne en 2029.

- Dans tous les cas, comme pour les dépenses de santé, aucune modification n'est envisageable sans prise de conscience, par la population bénéficiaire, de la nécessité de modérer ses exigences – voire de **sacrifier certains droits longtemps considérés comme acquis** –, pour préserver la pérennité du système.

1. L'avenir des retraites et des régimes de retraite

- Le Conseil d'orientation des retraites (COR) a travaillé à plusieurs hypothèses.

Il a étudié notamment le système des comptes notionnels (Italie, Suède, Pologne, Lettonie), souvent comparé aux régimes par points existant en retraite complémentaire, dans la mesure où les prestations de retraite servies par ces régimes reflètent l'effort contributif de chaque assuré durant toute sa vie active. Dans ces deux types de régimes à cotisations définies, chaque assuré dispose d'un compte individuel dans lequel sont comptabilisées les cotisations versées par l'employeur et lui-même. Le niveau des pensions est donc lié à celui des cotisations versées et à l'espérance de vie moyenne de la génération à laquelle l'assuré appartient, ce qui assure globalement l'équilibre financier du régime à long terme. En revanche, il faut introduire un minimum de solidarité et de redistribution, pour que les salariés qui n'ont pas eu une vie active linéaire (périodes de chômage, de congé parental, etc.) ne soient pas privés de retraite.

- Le COR a prôné aussi **une « troisième voie », associant répartition et capitalisation**, une solution d'avenir à condition que les produits financiers, sur lesquels la capitalisation est fondée, soient sécurisés pour que les cotisants ne voient pas leurs placements fondre lors des crises boursières.

- Enfin, il s'intéresse aux « retraites à la carte », qui permettraient à chaque retraité de choisir sa durée d'assurance en fonction du niveau de retraite qu'il estime nécessaire. Néanmoins, le système actuel permet déjà de partir par anticipation (avec pénalités) ou en prolongeant le plus longtemps possible son activité (en bénéficiant d'une surcote). Le futur retraité reçoit désormais une « estimation indicative globale » de sa retraite, en fonction de la durée d'assurance déjà cotisée, et peut faire son choix en connaissance de cause.

- Emmanuel Macron a confié à un Haut-commissaire à la retraite le projet de réforme annoncé pour 2025 : les régimes spéciaux seraient supprimés, la promesse du maintien de l'âge de départ à 62 ans est écornée par l'annonce d'un âge d'équilibre à 64 ans : partir avant cet âge pénalisera lourdement le retraité... Le taux de cotisation serait de 28,12 % pour tous les cotisants. Un minimum de retraite égal à 85 % du Smic net sera garanti. La totalité de la carrière sera prise en compte pour le calcul de la retraite (et non plus les 25 meilleures années pour les salariés du privé ou les 6 derniers mois pour les fonctionnaires). Il laisse entrevoir la création d'un système plus égalitaire dans lequel « chaque euro financé donnerait lieu aux mêmes droits à la retraite », sans précisions supplémentaires à ce jour. L'esprit même de cette réforme est remis en cause.

2. La dépendance : vers un cinquième risque ?

• Le vieillissement de la population, et son cortège de conséquences économiques et sociales, concerne tous les pays industrialisés.
La France a longtemps envié l'Allemagne, qui a créé un risque particulier, dans les années 1990, pour gérer cette problématique.
Le gouvernement français n'a néanmoins pas retenu cette option, coûteuse pour les finances publiques, et a préféré s'appuyer sur les conseils départementaux et la caisse de solidarité pour l'autonomie pour initier la réforme.
Les besoins augmentant naturellement ; les conseils départementaux ont connu des années critiques jusqu'en 2018, ne parvenant plus à faire face à la hausse des dépenses sociales malgré le concours financier de la CNSA. Leurs finances se redressent en 2018 au prix d'un effort significatif sur leurs frais de fonctionnement. Mais ils s'attendent à devoir prendre en charge les futures dépenses liées à la future loi « Dépendance ».

• En conclusion, **les difficultés financières des régimes de retraite ne sont que l'épicentre d'un phénomène plus général encore**, qui inclut des problèmes périphériques comme l'augmentation des dépenses de santé inhérente au vieillissement de la population : **c'est l'ensemble des « fondamentaux » de l'économie qui pourrait être bouleversé**.
Peu à peu, on assiste à un basculement des cotisations sociales chômage et maladie vers la CSG, ceci afin de rendre les prélèvements plus équitables au sein de la population.
Le nouveau projet de réforme des retraites semble emprunter la même voie : les efforts – atteinte d'un âge d'équilibre à 64 ans, suppression des 25 meilleures années au profit d'un lissage (pénalisant) sur toute la carrière – devront être faits par la génération actuelle d'actifs, et non par les retraités qui ont bénéficié à plein des acquis sociaux gagnés après la guerre, et financés à crédit au détriment des générations futures.

FICHE 22. Test

QCM

1 En 2021, les personnes de plus de 60 ans représentent :

- ❍ a. 18 % de la population.
- ❍ b. 27 % de la population.
- ❍ c. 35 % de la population.

2 Dans un système de retraite par répartition :

- ❍ a. Les retraites sont financées grâce aux économies réalisées par les retraités pendant leur vie active.
- ❍ b. Les retraites sont financées par l'impôt.
- ❍ c. Elles sont financées par les cotisations payées au même moment par les actifs.

3 Pour bénéficier d'une retraite à taux plein, un salarié de l'industrie et du commerce né en 1973 devra avoir cotisé pendant :

- ❍ a. 37,5 ans.
- ❍ b. 43 ans.
- ❍ c. 45 ans.

4 Plusieurs régimes spéciaux sont en difficulté car :

- ❍ a. Leurs pensionnés sont plus nombreux que leurs cotisants.
- ❍ b. Ils sont trop généreux dans le montant des pensions servies.
- ❍ c. La population couverte est trop peu nombreuse.

5 Le nombre de personnes âgées dépendantes en France est estimé à :

- ❍ a. 600 000.
- ❍ b. 2,4 millions.
- ❍ c. 3,6 millions.

6 L'attribution de l'aide personnalisée à l'autonomie est décidée par :

- ❍ a. Le Conseil départemental.
- ❍ b. La caisse d'assurance retraite.
- ❍ c. La Caisse nationale de solidarité pour l'autonomie.
- ❍ d. Le CODERPA.

7 Les réseaux de santé :

- ❍ a. Permettent à la personne âgée de changer d'établissement pour accéder à un hébergement médicalisé lorsque son état de santé s'aggrave.
- ❍ b. Permettent aux familles ayant des personnes dépendantes à charge de les confier provisoirement à des structures d'accueil spécialisées (pendant les congés de la famille par exemple).
- ❍ c. Coordonnent l'action des professionnels de santé intervenant au profit d'une personne âgée, pour lui prodiguer des soins et favoriser le maintien à son domicile.

8 En France, combien de personnes âgées résident en établissement ?

- ❍ a. 170 000.
- ❍ b. 728 000.
- ❍ c. 1,7 million.

9 Le schéma gérontologique départemental :

- ❍ a. Place les personnes âgées dans les établissements d'accueil, en fonction des places disponibles et de l'état de santé de la personne.
- ❍ b. Recense les besoins des personnes âgées à l'échelle du département et coordonne les actions pour appréhender le vieillissement de façon globale et apporter des services aux personnes.
- ❍ c. Détermine le nombre de places nécessaires pour l'accueil des personnes âgées à l'échelle du département, et donc est le support des autorisations d'exercer données aux établissements d'accueil.

10 En France, il existe :

- ❍ a. Un régime de retraite unique pour toute la population.
- ❍ b. Un régime unique pour les salariés, et un autre pour les non-salariés.
- ❍ c. Une multitude de régimes de retraite.

☑ Corrigé

1. b. ; 2. c. ; 3. b. ; 4. a. ; 5. b. ; 6. a. ; 7. c. ; 8. b. ; 9. b. ; 10. c.

PARTIE 5

La **politique** en **faveur** de la **famille** et de l'**enfance**

FICHE 23. La compensation de la charge financière que représente l'enfant pour sa famille

En matière de démographie, la France fait figure d'exception au sein de l'Union européenne. Forte de ses presque 67 millions d'habitants et avec un taux de fécondité de 1,84 enfant par femme, la France est un moteur de la croissance démographique dans l'Union européenne.
Sans être le seul facteur d'explication, la politique familiale ambitieuse menée par les pouvoirs publics depuis 1945 contribue sans doute à encourager la natalité en France. Pourtant, cet objectif, qui fut le tout premier assigné à la politique familiale, n'est plus prioritaire.
Longtemps ancrée au principe fondateur d'égalité des familles face à la charge que représente l'enfant, la politique familiale « louvoie » aujourd'hui entre les objectifs d'égalité et d'équité. En effet, les prestations sont de plus en plus différenciées selon la situation sociale de la famille, et leur montant est souvent variable en fonction du revenu des ménages. La politique familiale opère **une redistribution du revenu national** en faveur des familles démunies. Elle permet ainsi à 7 % d'entre elles de ne pas tomber sous le seuil de pauvreté absolue.

1. À l'origine, une philosophie « égalitariste » : des allocations familiales uniformes pour tous

- Les premières allocations familiales ont vu le jour avec la loi du 11 mars 1932 : l'État tentait ainsi de généraliser l'attribution d'aides distribuées par de grandes entreprises paternalistes (Michelin) à leurs salariés. Le Code de la famille a été créé en 1939 et contenait des mesures à visée nataliste. Les premières allocations prénatales voient ainsi le jour en 1940, suivies du quotient familial en 1945.

- À l'issue de la Seconde Guerre mondiale est créée la protection maternelle et infantile. Par ailleurs, le plan instaurant la Sécurité sociale comprend une branche « Famille », attribuant des prestations familiales uniformes aux familles de salariés. Au sortir d'un conflit mondial meurtrier, l'objectif premier d'une telle politique était essentiellement nataliste et visait avant tout au redressement démographique de la Nation.

- Le bénéfice des prestations familiales a ensuite été progressivement étendu à l'ensemble de la population. Depuis 1978, elles sont attribuées sur le seul critère de résidence. L'objectif de cette redistribution du revenu national est de **compenser de façon égalitaire une partie de la charge financière que représente l'enfant**. En effet, les « allocations familiales » – la plus universelle de nos prestations familiales – sont versées en espèces à la famille, qui en dispose donc librement. Leur attribution n'était pas conditionnée par un plafond de ressources jusqu'au 1er juillet 2015.

- Les Français semblaient très attachés à ce système égalitariste : l'article de la loi de financement de la Sécurité sociale qui prévoyait, en 1998, la mise sous condition de ressources des allocations, avait été finalement abandonné suite aux réactions virulentes de la « société civile ». Cette solution a néanmoins été adoptée dans la loi de financement de la Sécurité sociale pour 2015, après une autre mesure ayant un effet similaire : la baisse du quotient familial utilisé pour le calcul de l'impôt sur le revenu.

2. L'adaptation de la politique familiale aux évolutions sociales

- Les prestations familiales se sont rapidement enrichies de nouveaux types d'aides, adaptées aux situations familiales. La politique familiale a été confrontée à trois gageures :
– la prise en charge de risques touchant certaines familles : handicap de l'enfant notamment ;
– la prise en compte de grandes tendances sociales, comme l'allongement de la durée des études : en 1999, le bénéfice des allocations familiales a été prolongé jusqu'aux 20 ans de l'enfant scolarisé ; en 2000, le complément familial et les aides au logement ont été prolongés jusqu'aux 21 ans de l'enfant à charge. En 2002, le congé de paternité a pris en compte le souhait des jeunes pères de profiter de leur nouveau-né et a été porté en juillet 2021 à 28 jours. Depuis 2004, la mise en œuvre de la prestation d'accueil du jeune enfant (PAJE) vise à aider les jeunes parents à mieux concilier vie familiale et vie professionnelle. En 2006 a été créé un nouveau congé parental, plus court et mieux rémunéré, pour les familles ayant trois enfants et plus. Par ailleurs, le congé et l'allocation de présence parentale, pour les parents d'un enfant

malade, ont été améliorés. Depuis 2009, les prestations familiales peuvent être partagées entre les parents séparés, s'ils en sont d'accord et en cas de résidence alternée des enfants. Les dernières prestations créées accompagnent les actifs ayant de faibles revenus : la prime d'activité a ainsi été créée le 1er janvier 2016 ;

– la nécessité d'une simplification des aides, nombreuses et complexes, ce qui dissuade parfois les bénéficiaires d'y recourir.

3. Une politique désormais marquée par la contrainte financière

La baisse de la natalité en France est-elle une conséquence de ce changement de cap de la politique familiale ?

L'équilibre économique de la branche est plus stable que celui des autres branches de sécurité sociale, il suscite leur envie…

Néanmoins, la branche famille doit contribuer à l'équilibre financier général de la Sécurité sociale, et voit ses dépenses s'accroître sous l'effet de la hausse du chômage et de la précarité, et des aides qu'elle verse aux collectivités territoriales pour financer la réforme des rythmes scolaires. En conséquence, les pouvoirs publics, désormais encouragés par la prise de conscience de la société civile sur la nécessaire maîtrise des dépenses publiques, adoptent une conception moins égalitariste de la politique familiale, et plus favorable aux familles les plus modestes.

CONSEIL DU FORMATEUR

Les allocations familiales ne sont qu'une des composantes des prestations familiales, ensemble comprenant de très nombreux types d'aides.

Dans la copie du concours, ne confondez pas « allocations familiales » et « prestations familiales ».

FICHE 24. Politique familiale et discrimination positive : quand le souci d'équité prend le pas sur celui d'égalité

1. Les conséquences des crises économiques sur la politique familiale

• Dès le début des années 1970, la Sécurité sociale dans son ensemble est confrontée aux conséquences de la crise économique, de deux natures différentes :
– l'amoindrissement des recettes, qui proviennent essentiellement de cotisations appelées sur la masse salariale. La rétractation de celle-ci pendant les périodes de crise économique limite directement les recettes de la Sécurité sociale ;
– dans le même temps, la crise génère de nouveaux besoins au sein de la population. Les ressources des familles touchées par le chômage sont amputées, enclenchant le cercle vicieux qui mène, non plus seulement à la pauvreté, mais également à l'exclusion sociale : les causes peuvent être la prolongation de la situation de chômage, une dégradation de l'état de santé faute de moyens pour accéder aux soins, etc.

• Face à ces évolutions, les gouvernements successifs ont tenté de réviser progressivement la philosophie qui inspirait la politique familiale : des prestations spécifiques ont été créées pour faire face aux risques réalisés pour certaines familles, en particulier les plus démunies. **Aujourd'hui, la majorité des prestations familiales est attribuée sous condition de ressources**. En outre, elles bénéficient à des publics plus larges que les familles.

2. La politique familiale et le droit de la Sécurité sociale, qui en est la traduction légale, ont évolué pour privilégier l'équité plus que l'égalité

• **La politique familiale perd son universalité et tend à devenir sélective**, en concentrant les aides sur les publics qui n'ont pas accès à certains droits jugés fondamentaux. Parmi ces droits figurent, entre autres, le Revenu de solidarité active (RSA) ou le droit opposable au logement.

– **Le droit à un revenu minimum :** cet objectif a été largement débattu lors des travaux parlementaires préalables au vote de la loi du 1er décembre 1988 sur le RMI, depuis remplacé par le Revenu de solidarité active (loi du 1er décembre 2008). Le RSA présente la particularité d'être servi à ses bénéficiaires par la CAF (Caisse d'allocations familiales) ou la MSA (Mutualité sociale agricole), mais sur décision du président du Conseil départemental, contrairement aux autres prestations versées par la Sécurité sociale. Le RSA est donc une prestation de solidarité plus qu'une prestation familiale. Le « RSA activité » a été remplacé par la prime d'activité en 2016. Il pourrait être supplanté par un revenu universel d'activité qui se substituerait à une dizaine de prestations sociales.

– Le RSA a succédé à l'API (Allocation de parent isolé) en 2009 visant à apporter un revenu minimum au parent élevant seul ses enfants. **La monoparentalité et ses conséquences sociales** les plus douloureuses sont reconnues comme un risque social, que la solidarité nationale doit prendre en charge : 13,6 % des allocataires sont des familles monoparentales (2,6 millions d'enfants). Depuis 2016, la CAF propose une « garantie contre les impayés de pensions alimentaires » (GIPA) : la CAF se substitue au parent mauvais payeur en attribuant au parent victime une allocation de soutien familial dès le 1er mois d'impayé.

– La concrétisation du **droit au logement** pour tous, déjà affiché dans la loi du 31 mai 1990 mais réactualisé par la loi DALO du 5 mars 2007, a conduit les pouvoirs publics à instaurer puis à généraliser les aides au logement, puis à créer un droit opposable au logement (voir partie 7). Près de 7 millions de foyers bénéficient d'une aide au logement, soit 18 milliards d'euros.

– L'équité en elle-même ne peut-elle être considérée comme un droit ? La société a le devoir d'épauler les familles touchées par des évènements non maîtrisables, qui ont un impact direct sur leurs ressources ou leurs conditions de vie. L'Allocation d'éducation pour l'enfant handicapé et l'Allocation pour adulte handicapé compensent la charge financière que représente la personne handicapée pour sa famille, et lui offrent des moyens convenables d'existence. De même, la création de l'allocation de présence parentale en 2002 visait à aider les familles à faire face à la maladie de leur enfant.

– Dans la même logique, les familles ne sont-elles pas en droit d'exiger des aides adaptées aux différentes périodes de la vie ? Les besoins d'un jeune ménage qui s'installe n'étant pas les mêmes que ceux d'une famille installée, des prestations spécifiques, comme l'aide financière au déménagement, ont été créées pour aider les familles.

• Les CAF gagnent toujours des allocataires : 51 % de la population française bénéficient d'une prestation familiale (soit près de 7 millions de foyers).

• Par ailleurs, en développant leurs **prestations extra-légales**, les CAF elles-mêmes ont joué le jeu de l'équité, la plupart des prestations extra-légales étant attribuées sous condition de ressources. Elles complètent en cela les prestations attribuées dans le cadre de l'aide sociale, par la commune et plus encore par le Conseil départemental : aides d'urgence relatives à l'alimentation, aux soins ou à l'équipement ménager de base, mais aussi prestations visant à favoriser l'épanouissement des enfants vivant au sein de familles défavorisées : bons vacances, classes vertes, équipements de jeux, etc.

• En effet, la politique familiale revêt plusieurs formes : le versement des prestations en espèces est la forme la plus connue ; mais la vie familiale quotidienne est également facilitée par d'autres types d'actions relevant de la politique familiale, qui s'apparentent davantage à des prestations « en nature » ou de services.

3. La politique familiale demain : des conditions contrastées

Les pouvoirs publics affichent une nouvelle stratégie de lutte contre la pauvreté qui s'articule autour de l'enfant, de la formation et de l'accompagnement vers l'emploi. Il faudra observer si la création annoncée du revenu universel d'activité, censé simplifier l'accès aux prestations, ne vise pas aussi à réduire significativement le nombre de bénéficiaires des prestations.

Même question pour la réforme annoncée des allocations logement : la prise en compte, dès 2020, des ressources les plus récentes du foyer, devrait permettre de réaliser 900 millions d'euros d'économies par an.

Au-delà de ces logiques techniques et comptables, la France a-t-elle encore l'ambition d'avoir une politique de soutien aux familles ?

FICHE 25. Les actions pour améliorer l'environnement familial

Leurs objectifs sont de deux natures :
- incitatifs : il s'agit de donner aux parents la possibilité de concilier vie familiale et vie professionnelle ; ces actions permettent aussi, accessoirement, d'accroître le taux d'activité des parents ;
- plus coercitifs : il s'agit de détecter les enfants en danger et d'accompagner la famille pour limiter les risques de maltraitance ou, dans les cas extrêmes, de soustraire les enfants au danger que représentent parfois leurs proches.

1. La conciliation de la vie familiale et de la vie professionnelle

- En la matière, la politique familiale vise un double objectif : elle crée des conditions de vie plus faciles et favorise l'épanouissement des parents et des enfants. Le congé de paternité est l'initiative la plus récente. La priorité est cependant donnée à la création de **structures d'accueil de la petite enfance**, qui permettent aux parents de continuer leur activité professionnelle, et favorisent l'apprentissage de la socialisation pour les enfants à un âge précoce de leur vie.

- Il s'agit aussi de préparer certaines des évolutions économiques attendues : puisqu'une pénurie de main-d'œuvre est déjà ressentie dans certains secteurs d'activités, les pouvoirs publics ont intérêt à favoriser la reprise d'activités des jeunes mères notamment. On mesure, par cet exemple entre autres, toutes les interactions existant entre les politiques sociales et la conjoncture économique.

- Les tentatives de mise en œuvre d'un service public de la petite enfance relèvent de cette logique. Cependant, dans le domaine de la petite enfance, il existe un écart certain entre la volonté affichée par les pouvoirs publics et les réalisations effectives. Avec la Norvège, la Suède et la Belgique, la France est l'un des pays industrialisés qui consacre le plus de moyens à la politique familiale. Mais paradoxalement, et contrairement aux pays nordiques, elle souffre d'un déficit de places disponibles dans le domaine des modes de garde de la petite enfance. Seuls 20 % des enfants de moins de 3 ans sont accueillis en crèche (460 000 places).

• En France, l'accueil de la petite enfance a longtemps été orienté vers les modes de garde individuels, par l'attribution d'allocations favorisant la garde de l'enfant à domicile, ou par une assistante maternelle agréée. Autre exemple d'interaction avec les objectifs de la politique économique, le versement de ces aides (deux volets de la Prestation d'accueil du jeune enfant – PAJE) s'accompagne d'un dispositif fiscal avantageux qui incite les familles à déclarer la personne gardant leur enfant, pour lutter contre le travail illégal.

Les pouvoirs publics œuvrent également à la professionnalisation du métier d'assistante maternelle. Le service de PMI du Conseil départemental délivre un agrément aux personnes souhaitant exercer la fonction, qui doivent se soumettre à un cycle de formation.

• Des moyens importants sont désormais dégagés pour accroître les places en mode de garde collectif. Plusieurs acteurs sont impliqués :

– l'État et les collectivités territoriales :
  • l'État dégage régulièrement des crédits affectés par les CAF pour financer l'investissement nécessaire à la démultiplication de ces structures,
  • le Conseil départemental donne les autorisations d'ouverture des établissements. Le contrôle du respect des normes sanitaires est effectué par son service de protection maternelle et infantile (PMI) ; il peut subventionner la création des structures de garde,
  • les communes et communautés de communes ont investi et sont souvent gestionnaires de structures collectives de garde ;

– dans le cadre des « contrats-enfance » signés avec les communes, les CAF participent, sur leur fonds d'action sanitaire et sociale, à l'investissement et au fonctionnement des crèches ;

– des associations, familiales ou simplement parentales, gèrent leurs propres structures d'accueil, comme les crèches parentales ;

– de plus en plus d'entreprises créent leur crèche, afin de rendre service à leurs salariés – jeunes parents – tout en essayant de les fidéliser ;

– des entreprises privées se sont spécialisées dans la création et la gestion de crèches.

• Pour coordonner ces nombreux acteurs, des schémas départementaux de services aux familles ont été élaborés dans de nombreux départements, et des schémas locaux de développement de l'accueil des jeunes enfants de moins de 6 ans doivent être mis en place dans les communes de plus de 5 000 habitants.

Le Conseil départemental essaie aussi d'optimiser les créations et implantations géographiques des différents modes de garde, à travers son « schéma » relatif à la petite enfance.

• Des progrès importants ont donc été faits depuis vingt ans, mais on ne peut pas encore parler d'une politique globale de la petite enfance, incluant l'ensemble des modes de garde, collectif et individuel. Notamment, le taux d'équipement des communes est très inégal sur le territoire.

• Le constat est inquiétant en matière d'accueil périscolaire, puisque toutes les communes n'ont pas les moyens idoines pour mettre en œuvre la nouvelle réforme des rythmes scolaires instaurée en 2017. Dans leur COG, les CAF s'engagent à accompagner les communes en la matière.

• Des ordonnances ont été annoncées en 2019 pour améliorer le maillage territorial, mieux informer les parents et accompagner les assistants maternels : suivez l'actualité.

• Mais les actions d'amélioration de l'environnement familial ne se limitent pas à la mise en place de services à l'usage des familles. Dans certains cas extrêmes, l'amélioration prend une forme coercitive.

2. La prise en charge des enfants retirés à leur famille : le rôle de l'aide sociale à l'enfance

Comme l'indique la Convention des Nations unies sur les droits de l'enfant, « l'enfant a le droit de vivre avec ses parents à moins que cela ne soit jugé incompatible avec son intérêt supérieur ».
En France, la philosophie de l'aide sociale à l'enfance est empreinte depuis plusieurs décennies de cet objectif majeur : la prévention du désengagement parental à l'égard de l'enfant pour éviter le placement, qui sera l'ultime solution si l'accompagnement de la famille ne permet plus de préserver « l'intérêt supérieur » de l'enfant.

• Dès avant la naissance, et dans les premières années de vie de l'enfant, le service de **Protection maternelle et infantile** du Conseil départemental intervient pour accompagner les parents en difficulté, dans leur apprentissage de la parentalité. Il propose des entretiens de conseil conjugal, un suivi de la grossesse pour les femmes qui le souhaitent, et dispense des conseils aux parents pour préparer la naissance puis s'occuper de l'enfant. Les services de la PMI sont attentifs aux situations des personnes vulnérables – mères seules, familles en difficulté. La « protection » commence en effet souvent par la « prévention » de certains risques (malnutrition, maltraitance, etc.).

• Lorsque ces risques sont avérés, le service de l'aide sociale à l'enfance prend la relève, dans l'intérêt de 300 000 enfants. Poste de dépenses important des conseils départementaux, l'**Aide sociale à l'enfance** est un socle historique de notre droit social. Les premières grandes lois sociales françaises concernaient déjà la protection de l'enfance : un décret de 1811 institutionnalisait l'abandon ; en 1840, le rapport Villermé incitait le législateur à améliorer les conditions de travail des enfants et fut suivi d'effet par une loi en 1898 ; la loi du 27 juin 1904 distinguait les enfants reconnus, en garde, en dépôt et les pupilles.

• Les lois de décentralisation du 22 juillet 1983, du 6 janvier 1986 et du 10 juillet 1989 ont transféré l'aide sociale à l'enfance aux conseils départementaux, qui ont constitué des équipes de professionnels de santé, travailleurs sociaux, inspecteurs et agents chargés des missions du service :
- **la prévention et la responsabilisation des parents** : les conseils départementaux, certains services déconcentrés de l'État et les CAF œuvrent au développement de réseaux d'appui à la parentalité ou de centres périnataux de proximité, pour que les parents puissent trouver des conseils ou être suivis en cas de difficultés à assumer leur rôle. **La loi du 14 mars 2016 relative à la protection de l'enfance a renforcé la prévention** ;
- **la détection, le plus tôt possible, des situations de danger** : le président du conseil départemental doit mettre en œuvre un dispositif permanent de recueil d'informations relatives aux enfants maltraités. En outre, a été créé le numéro vert (119) qui enregistre annuellement 466 000 appels de victimes ou témoins de maltraitance. La loi du 14 mars 2016 a aussi prévu la désignation d'un médecin référent pour la protection de l'enfance dans chaque département, facilitant les échanges entre les professionnels de santé et les services de protection de l'enfance ;
- **l'exécution des mesures de prévention et d'action éducative, au sein des familles** : des secours peuvent être attribués, ou le bénéfice d'une aide à domicile par une travailleuse familiale ;
- la détermination de **la nécessité d'un placement** ;
- **le signalement des cas de maltraitance au juge des enfants.**

• Lorsque les dangers, ou la maltraitance révélée, sont tels que le maintien dans la famille n'est plus possible sans compromettre gravement la santé mentale et/ou physique de l'enfant, le juge des enfants, ou parfois les familles elles-mêmes, confient à l'ASE le droit de garde, de surveillance et de direction de l'enfant.
Après accord du président du Conseil départemental, l'enfant est donc orienté vers l'un des deux types de placement :
- **placement familial**, chez une assistante maternelle agréée ;
- ou **en établissement**, comme les maisons d'enfants – souvent de petites unités, essayant de préserver les repères de l'enfant – ou les foyers d'accueil, structures permettant à l'enfant d'être entouré par une équipe médico-sociale.

• Selon les cas, la famille peut être associée au choix du mode de placement et se voir proposer des actions éducatives dans la perspective d'un retour d'abord périodique, puis permanent, de l'enfant au foyer parental. Elle n'est pas déchargée de ses obligations d'entretien envers l'enfant et peut se voir réclamer une contribution. En pratique, cependant, il est parfois reproché aux services de l'ASE de consacrer peu de temps au suivi et à la prise en charge globale de la famille lors de la séparation, faute de disponibilité des travailleurs sociaux, qui doivent souvent agir dans l'urgence.
L'efficacité du dispositif, parfois contestée, dépend donc d'abord de celle du dispositif de prévention, puis de la disponibilité et de la bonne coordination des acteurs, difficile car complexe à réaliser – entre l'autorité judiciaire, l'équipe technique de l'ASE, mais aussi les centres sociaux, l'Éducation nationale, etc. – et enfin de la prise de conscience des parents.

• L'ASE est confrontée à un nouveau phénomène inquiétant, qui s'accentue : la prise en charge de 22 000 enfants « mineurs isolés étrangers ».

• La mission de l'ASE prend fin lorsque l'enfant peut être à nouveau confié sans danger à ses parents, ou lorsque la situation juridique de l'enfant a changé (majorité, mariage, etc.). Un nouveau « contrat d'accès à l'autonomie » devrait permettre d'éviter les « sorties sèches » de l'ASE en accompagnant certains jeunes au-delà de 18 ans.
Enfin, l'ASE prend aussi en charge l'accueil des pupilles de l'État et des femmes enceintes et mères isolées avec de jeunes enfants.

FICHE 26. Perspectives et regard international

En observant les autres modèles européens, on constate que les pays nordiques disposent de la politique familiale la plus dynamique et la plus généreuse. Contrairement à la France, ils privilégient les prestations en nature plutôt qu'en espèces. Ainsi, la Suède a développé de nombreuses structures de garde collective des jeunes enfants. Les allocations en espèces y sont universellement versées, dès le premier enfant. Les congés parentaux sont plus longs, ce qui a conquis la Commission européenne, qui essaie d'inciter les pays de l'Union à aller dans ce sens et à mieux rémunérer les congés. Début 2019, la France a obligé le parlement européen à revoir à la baisse ses ambitions en matière de congé parental, arguant du coût de cette directive.

Un constat interroge : une Française ayant un enfant doit renoncer à 2 % de ses revenus salariaux, contre 72 % pour une Japonaise. La politique familiale française est donc particulièrement protectrice de la femme ; elle contribue en cela à la réduction des inégalités entre hommes et femmes, pour laquelle milite la Commission européenne.

1. Une politique en constante évolution

• La politique familiale en France revêt de multiples formes. Elle intervient dans la vie quotidienne de nombreux publics : familles « classiques », familles monoparentales, locataires et propriétaires, personnes seules démunies, enfants laissés pour compte, etc. Mais quelques catégories particulières de la population sont presque ignorées par la politique familiale :

– les familles ayant un seul enfant (l'universalité des allocations familiales est donc très relative !). Elles sont pourtant confrontées à de lourdes dépenses – d'équipement matériel en particulier – à la naissance du premier enfant ;

– les jeunes adultes. Le RSA Jeunes est certes ouvert aux jeunes actifs de moins de 25 ans ou aux jeunes chômeurs en fin de droits. Mais il ne répond pas à toutes les problématiques rencontrées par les jeunes ;

– néanmoins, la concrétisation de prestations nouvelles nécessiterait des arbitrages budgétaires, peut-être au détriment d'autres catégories sociales.

Si la prime d'activité permet de lutter contre la pauvreté de 5 millions de foyers. Cependant, est-il raisonnable que les fonds de Sécurité sociale se substituent, pour une telle proportion de la population, au revenu du travail ?

2. Sa révolution permanente doit cependant s'accommoder de moyens budgétaires limités en temps de crise

- Contrairement aux idées reçues, la France n'est qu'au sixième rang européen en termes de moyens financiers consacrés à la politique familiale.

- Le coût de certaines prestations interroge cependant : ainsi est envisagée une baisse généralisée des allocations logement (voir partie 7).

- Les pouvoirs publics se sont enfin engagés dans la réforme du financement de la politique familiale : le financement historiquement supporté par les entreprises (cotisation patronale) n'était plus pertinent dans un contexte d'universalisation des droits, les prestations familiales étant désormais ouvertes à un public beaucoup plus large que les seuls salariés. La baisse du taux de la cotisation patronale « Famille » a été amorcée en 2015, en plusieurs étapes et a été compensée par l'affectation de nouvelles recettes fiscales.

3. L'universalisation des droits, l'individualisation des politiques

- Dans le passé, les prestations sociales étaient attribuées à la condition que le bénéficiaire ait préalablement cotisé. Elles constituaient un « droit de tirage », une créance des travailleurs sur la richesse collective. Aujourd'hui, il s'agit plus d'**une dette collective de la société à l'égard de l'ensemble des citoyens**.
Cette universalisation des droits sociaux à des personnes « non contributrices » est diversement perçue : facteur de progrès social pour les uns, elle constitue pour les autres une menace pour la pérennité de la politique familiale : la branche famille de la Sécurité sociale est perçue par les associations familiales comme un « auxiliaire de l'État en matière de lutte contre la pauvreté au détriment d'une politique familiale inclusive à destination de l'ensemble des familles ». (UFAC)

- **Le principe d'égalité n'est plus traduit par l'application à toute la population de règles générales et impersonnelles, mais par une application différenciée des règles en fonction des situations individuelles.**

- Le ciblage des aides pour les familles démunies au détriment des classes moyennes ne risque-t-il pas d'altérer la cohésion sociale entre les familles ?

Tableau récapitulatif : les prestations familiales légales

Il existe une multitude d'aides destinées à la famille : cet ensemble est dénommé « prestations familiales », à ne pas confondre avec les allocations familiales, qui ne sont qu'une prestation familiale parmi tant d'autres.

Prestations légales	Bénéficiaires	Sous condition de ressources
Les prestations liées à la naissance et à la charge d'un enfant de moins de 3 ans		
La prestation d'accueil du jeune enfant	Prime à la naissance et prime d'adoption	Oui
Le congé de paternité	Jeune père en activité professionnelle Attention, cette prestation est financée par la branche famille mais servie, comme les indemnités de maternité, par la CPAM	Non
Les prestations liées à « l'entretien » des enfants		
Les allocations familiales	Famille ayant 2 enfants au moins	Oui depuis 2015
Le complément familial	Famille ayant 3 enfants et plus, de plus de 3 ans	Oui
L'allocation de soutien familial, et la garantie contre les impayés des pensions alimentaires	Parent seul supportant la charge d'un enfant orphelin, ou dont la filiation n'est établie qu'à l'égard de l'un des parents, ou dont l'un des parents se soustrait à son obligation d'entretien ou de versement d'une pension alimentaire	Non
L'allocation de rentrée scolaire	Famille ayant un enfant scolarisé de 6 à 18 ans	Oui

FICHE 26

Les prestations permettant la conciliation de la vie familiale et de la vie professionnelle		
La prestation d'accueil du jeune enfant	Prestation partagée d'éducation de l'enfant (PréParE), ouvert dès le premier enfant pour 6 mois par membre du couple, ou 24 mois à partir du 2e enfant Complément de libre choix de mode de garde pour les familles embauchant une personne à domicile ou une assistante maternelle agréée	Non, mais modulée en fonction des ressources
Les prestations garantissant un revenu familial minimum		
Le revenu de solidarité active (bien que non considéré comme PF, car il est servi par la CAF sur décision du président du conseil départemental)	Personne de plus de 25 ans (ou plus jeune à compter de 2010, sous conditions d'emploi préalable) en situation précaire Parent seul assumant une grossesse ou la charge d'un enfant de moins de 3 ans	Oui
La Prime d'activité	Salarié ou travailleur indépendant, étudiant salarié et apprenti sous certaines conditions, salarié handicapé	Oui
Les prestations spécifiques répondant à une situation particulière (versées par les CAF même si ce ne sont pas toujours des prestations « familiales »)		
L'allocation de présence parentale	Famille ayant un enfant gravement malade, handicapé ou accidenté, nécessitant des soins continus ou la présence d'un parent, qui doit alors interrompre ou réduire son activité professionnelle	Non
L'allocation d'éducation de l'enfant handicapé	Famille ayant un enfant handicapé à charge	Non
L'allocation aux adultes handicapés	Personne handicapée	Oui
L'allocation de logement	Locataire ou personne achetant, construisant ou améliorant son logement	Oui
L'aide personnalisée au logement	Locataire dont le logement est conventionné, ou personne remboursant certains types de prêts	Oui
La prime de déménagement	Si déménagement, avant les deux ans du 3e enfant	Oui

FICHE 27. Test

QCM

1. **Aujourd'hui, toutes les prestations familiales sont attribuées sous condition de ressources.**

- a. Vrai.
- b. Faux.

2. **Le nombre d'allocataires des CAF :**

- a. Diminue.
- b. Augmente.

3. **La France dispose d'un nombre suffisant de places en crèche.**

- a. Vrai.
- b. Faux.

4. **L'aide sociale à l'enfance prend en charge :**

- a. 84 000 enfants.
- b. 184 000 enfants.
- c. 360 000 enfants.

5. **L'objectif prioritaire des services de l'ASE est de :**

- a. Prévenir les situations de danger par un accompagnement de la famille, permettant si possible d'éviter le retrait de l'enfant.
- b. Retirer l'enfant le plus rapidement possible de sa famille, dès qu'une situation de danger est détectée, pour éviter tout risque de maltraitance.

6. **La décision de placement d'un enfant en danger est prise par :**

- a. Le juge des enfants.
- b. Le préfet.
- c. Le président du Conseil départemental.

7. **Les allocations familiales sont attribuées sous condition de ressources.**

- a. Vrai.
- b. Faux.

8. **Les jeunes de moins de 25 ans n'ont pas droit au RSA.**

- a. Vrai.
- b. Faux.

9. **Les prestations extra-légales versées par les CAF et MSA :**

- a. Sont hors la loi et susceptibles d'être annulées par l'autorité de tutelle des CAF et MSA.
- b. Complètent les prestations définies par la loi et sont décidées par le conseil d'administration de chaque CAF ou MSA.

⑩ Le revenu de solidarité active a succédé :

- ❍ a. À l'allocation de parent isolé (API).
- ❍ b. Aux allocations de chômage.
- ❍ c. Au revenu minimum d'insertion.

⑪ La prime d'activité remplace :

- ❍ a. Le complément de libre choix d'activité.
- ❍ b. Le RSA activité.
- ❍ c. La prime pour l'emploi.

Corrigé

1. **b.** ; 2. **b.** ; 3. **b.** ; 4. **c.** ; 5. **a.** ; 6. **a.** ; 7. **a.** ; 8. **b.** Sous certaines conditions ; 9. **b.** ; 10. **a.** et **c.** ; 11. **b.** et **c.**

PARTIE 6

La politique en faveur de l'emploi et de la lutte contre l'exclusion

FICHE 28. Rappels sur les notions fondamentales relatives au marché du travail

1. Un fonctionnement complexe qui divise les théoriciens

• **Le marché du travail** met en relation les demandes et les offres d'emploi. Sa structure est influencée par la situation démographique, économique, sociologique d'un pays : le taux de renouvellement de la population ou son vieillissement ; la croissance économique, la récession, la capacité des entreprises à investir ; le développement du travail féminin ; la politique d'immigration, etc., sont autant de phénomènes propres à chaque pays, qui impactent fortement le marché du travail. En France, sa structure est significativement déséquilibrée puisqu'on constate deux tendances en apparence contradictoires :
– la population active comprend en son sein 2,4 millions de chômeurs en quête d'un emploi (au sens du BIT) 8,1 % de la population active en septembre 2021 ;
– paradoxalement un grand nombre d'offres d'emploi ne sont pas satisfaites.

• **Le concept de chômage** est, tout comme sa mesure, particulièrement difficile à définir et largement débattu. On peut essayer de l'appréhender à travers le recensement de ses causes et des catégories de personnes concernées.

• Les causes font l'objet d'analyses économiques nombreuses et contradictoires.
La théorie classique du chômage – dont s'inspirent les théories libérales – est fondée sur la notion d'équilibre général assuré par un prix qui égalise l'offre et la demande. Dès que le prix du facteur travail s'écarte du prix d'équilibre, en particulier lorsque le coût de la main-d'œuvre est trop élevé, le chômage apparaît.
Selon Keynes et les néo-keynésiens en revanche, le chômage est la conséquence de l'absence de débouchés pour les entreprises, qui diminuent alors leurs investissements et leur production. Un cercle vicieux s'enclenche : le chômage, en raison de la perte de revenus qu'il engendre, diminue la demande de biens et de services des ménages, ce qui réduit encore les débouchés et conduit les entreprises à diminuer leur offre, donc leur activité et leurs embauches.
Les théories plus contemporaines ne s'accordent pas davantage sur les causes du chômage : substitution du capital au travail ; baisse de rentabilité du

capital investi ; niveau trop élevé des indemnités de chômage qui n'inciteraient pas les demandeurs d'emploi à rechercher un travail, etc.

• Pour tenter de cerner davantage ce phénomène, de nouvelles définitions qualifiant la situation économique et les catégories de population concernées ont été proposées :

– en fonction de la situation économique, le chômage peut donc être :
  • « frictionnel », dans les pays à forte mobilité de main-d'œuvre et à forte évolution technologique,
  • « structurel », quand il résulte des surplus de main-d'œuvre libérés par l'automatisation accrue des secteurs de production, ou de l'inadaptation de la qualification des salariés aux exigences nouvelles des entreprises,
  • « conjoncturel » quand il est lié à la dégradation de la conjoncture économique ;

– en fonction des populations touchées, le chômage peut être :
  • « d'exclusion » quand il affecte certaines catégories d'actifs vulnérables : travailleurs âgés, handicapés, personnes qui éprouvent des difficultés particulières à s'insérer sur le marché du travail. C'est un chômage de longue durée,
  • « d'insertion » quand il est propre aux jeunes, qui éprouvent des difficultés à obtenir un premier emploi,
  • « d'adaptation » pour la population active dont la qualification professionnelle est trop faible pour répondre aux exigences des entreprises,
  • « de reconversion » pour les salariés touchés par des mesures de licenciement collectif, dans des secteurs d'activité en déclin : textile, sidérurgie, construction navale.

2. Les déséquilibres structurels du marché du travail en France

• Le déséquilibre observé en France semble trouver sa source dans plusieurs des causes précitées et touche **différents types de publics**.

– **21 % des jeunes de moins de 25 ans** sont au chômage en 2021.
Deux tiers des emplois précaires (intérim, contrats à durée déterminée) sont détenus par cette population.
Les jeunes sont fortement touchés par le chômage dit « d'insertion » : il existe un décalage entre l'offre de travail et la demande, à la sortie de l'appareil éducatif. 13 % des jeunes sortent annuellement du système scolaire sans aucun diplôme ;

– les **travailleurs âgés** ne sont pas davantage épargnés. La majorité des chômeurs de longue durée – inscrits depuis plus d'un an à l'ANPE, soit 740 000 de personnes mi-2021 (selon Pôle emploi) – est constituée par des personnes âgées de plus de 50 ans ;
– certaines catégories socioprofessionnelles, enfin, sont plus soumises aux aléas du marché du travail : en moyenne, le taux de chômage des ouvriers non qualifiés est trois fois supérieur à celui des cadres.

• **Les causes économiques** ne sont pas moins disparates que les publics concernés : depuis le début des années 1970, le marché du travail est durablement affecté par des déséquilibres. D'abord conjoncturel car né des crises engendrées par les chocs pétroliers, le phénomène a été amplifié, de façon plus structurelle, par les mutations affectant les secteurs d'activité : les secteurs primaire et secondaire ont restreint leur main-d'œuvre ; le secteur tertiaire, malgré sa forte progression, n'a pu absorber l'effectif libéré par les autres secteurs.

• Le chômage a ainsi connu une augmentation quasi continue : 163 000 demandes d'emploi non satisfaites, recensées en 1963 ; 450 000 en 1974 ; 2 millions en 1980 ; 3 millions en 1993 ; 3,5 millions en 2015 ; 2,4 aujourd'hui. Les périodes de baisse sont ponctuelles et coïncident avec des améliorations significatives mais souvent tout aussi ponctuelles de la croissance économique. La baisse semble plus durable depuis 2016, mais profite inégalement aux demandeurs d'emplois. Les jeunes voient leur situation continuer à se dégrader.

• Le marché du travail français renoue régulièrement avec ses vieux démons :

– **la démographie de la population active** évolue toujours positivement, malgré la baisse du taux d'activité des jeunes liée à l'allongement de la durée des études, et malgré les nombreux départs en retraite enregistrés dans les classes nées du « baby-boom ». La population active compte 29,7 millions de personnes aujourd'hui, contre 22,2 millions en 1997. Elle continue à croître sous l'effet de la hausse du taux d'activité des seniors due à la réforme des retraites ;

– **l'activité économique** est une autre variable majeure influençant la situation du marché du travail : des experts estiment que le taux de croissance économique devrait se situer à 4 % par an, pour éviter une dégradation de la situation de l'emploi (loi d'Okun). Pourtant, les pays anglo-saxons sont, eux, capables de créer davantage d'emplois avec une croissance économique moins forte. La création d'emplois en France semble pénalisée par le niveau du SMIC et des charges sociales appelées aux entreprises, qui renchérit le coût de l'emploi, ainsi que par des règles contraignantes (le droit du travail français étant plus protecteur du salarié que dans des pays comparables). Les réformes du financement de la Sécurité sociale, faisant peser davantage de charges sur l'ensemble de la population (dont les retraités) et moins sur les entreprises, expliquent cependant l'actuelle baisse du chômage. La reprise économique observée depuis 3 ans et la simplification relative du droit du travail par les ordonnances Macron en 2017 sont d'autres facteurs explicatifs ;

– **l'inadaptation professionnelle** constitue un autre vecteur de dysfonctionnement. De plus en plus, se développe un marché du travail dual composé d'un marché primaire attractif proposant des emplois qualifiés, stables, bien rémunérés et offrant des possibilités de promotion, et d'un marché secondaire marqué par la précarité des emplois et leur faible niveau de qualification, dans des secteurs fragiles car très exposés à la concurrence internationale.

• Pour tenter de réduire ces déséquilibres économiques et d'en prévenir les conséquences sociales, chaque gouvernement expérimente ses solutions. Outre les actions visant à agir sur l'activité économique, deux leviers majeurs sont utilisés : la politique dite « active » visant à la promotion de l'emploi et au développement de la formation professionnelle ; et la politique dite « passive » visant notamment, à travers le versement d'indemnités, à pallier les conséquences du chômage pour les personnes qui en sont victimes.

FICHE 29. Les politiques actives en faveur de l'emploi

Elles ont deux objectifs majeurs : d'une part, la création ou le maintien des emplois ; d'autre part, l'adaptation des compétences professionnelles de la population active aux besoins du marché du travail.

1. La création d'emplois nouveaux ou le maintien d'emplois menacés

L'État cherche à faciliter la régénération du tissu économique et la résorption du chômage par la création d'emplois nouveaux et d'entreprises nouvelles. Plusieurs outils sont utilisés.

Les allégements fiscaux et les exonérations de cotisations sociales

- Chaque gouvernement a créé « sa » mesure d'exonération : exonération de l'impôt sur les bénéfices pendant les premières années d'existence des entreprises s'implantant dans certaines zones prioritaires en termes d'aménagement du territoire ; exonération spécifique pour les chômeurs qui créent leur entreprise ; exonérations sur les salaires les plus bas ; etc.

- Une réforme en profondeur des cotisations patronales, annoncée depuis longtemps, commence à être concrétisée pour simplifier le dispositif et faire peser le financement de la protection sociale sur d'autres éléments que la masse salariale. Le projet de contribution sur la valeur ajoutée dégagée par l'entreprise a été écarté alors que les entreprises employant une main-d'œuvre nombreuse auraient été ainsi moins pénalisées et auraient retrouvé davantage de compétitivité face à la concurrence internationale. Au Crédit d'impôt pour la compétitivité et l'emploi (CICE) né en 2014 succède la fiscalisation progressive des recettes de la branche Famille depuis 2015, pour limiter les charges sociales pesant sur les entreprises. Cette baisse de la pression des prélèvements obligatoires, conjuguée à une légère reprise de la croissance depuis le second semestre 2015, contribue sans doute à la première baisse du taux de chômage depuis 2007 annoncée par l'UNEDIC, qui semble durable puisque la baisse se poursuit encore en 2019.

Les contrats de travail dits « aidés »

- La loi du 1er décembre 2008 généralisant le Revenu de solidarité active et réformant les politiques d'insertion a rénové le régime des contrats aidés. La multiplication des précédentes formes de contrat n'était pas la panacée en matière de lutte contre le chômage des jeunes, leur manque de lisibilité pénalisant autant les employeurs que les jeunes.

- Tous les contrats ont été supprimés et remplacés par un « Contrat unique d'insertion », qui prend la forme du Contrat d'accompagnement dans l'emploi (CAE) pour le secteur non marchand et du Contrat initiative emploi (CIE) pour le secteur marchand.

- Facteurs de flexibilité, ces contrats permettent aux entreprises de s'adapter plus rapidement aux aléas économiques. Les pouvoirs publics sont donc partagés entre la volonté de limiter le recours des entreprises à ces embauches précaires et le souci de ne pas nuire à leur compétitivité en leur imposant des règles plus coûteuses ou plus rigides en matière de droit du travail.

- Les bénéficiaires de ces contrats perçoivent en général une rémunération égale au taux horaire du SMIC. Ils bénéficient parfois d'une formation en alternance.

- Dans la plupart des cas, le contrat est un CDD, renouvelable sous conditions. Chaque dispositif est confronté à un défi majeur : la pérennisation des emplois. C'est la problématique à laquelle se heurtent les pouvoirs publics lorsque des études se risquent à évaluer l'efficacité des « contrats aidés » : coûteux pour la collectivité publique, leur efficacité en matière de réinsertion est sujette à caution, les bénéficiaires ayant souvent des difficultés à trouver un emploi stable à l'issue du dispositif d'aide. Le gouvernement a significativement limité leur nombre depuis 2017.

Les aménagements du temps de travail

- L'ambition des lois Aubry du 13 juin 1998 et du 19 janvier 2000 était, d'une part, de satisfaire une revendication sociale ancienne visant à concilier travail et loisirs ; d'autre part et surtout, de « partager » le travail disponible pour permettre un plus grand nombre de créations d'emplois.

- L'impact du dispositif des « 35 heures » en termes de créations d'emplois est très controversé : le dispositif législatif a en effet été appliqué dans un contexte de croissance économique satisfaisante, et il est difficile de faire la part des créations d'emplois liées à la situation économique, et de celles liées au partage du temps de travail. Le MEDEF affirme que les « 35 heures » ont porté atteinte à la compétitivité des entreprises françaises, en augmentant le coût du travail.

• La loi « TEPA » du 21 août 2007, en faveur du travail, de l'emploi et du pouvoir d'achat, avait réduit les charges pesant sur les heures supplémentaires avant que cette mesure ne soit supprimée en 2013 puis réinstaurée en 2019. L'instabilité de la réglementation est un facteur de complexité pour les entreprises.
Aujourd'hui, des entreprises renégocient les conditions de travail pour augmenter la durée de travail applicable dans l'entreprise. Les pouvoirs publics ont renforcé cette possibilité en édictant les cinq ordonnances du 23 septembre 2017 réformant le Code du travail.

L'assouplissement et la simplification – très relatifs – de la législation sociale

Quelques mesures ont été mises en place pour faciliter les démarches des employeurs, et notamment simplifier leurs obligations déclaratives, comme la déclaration sociale nominative. De plus, le droit du travail a été assoupli sur certains points pour les petites et moyennes entreprises : les modalités de signature des accords d'entreprise sont simplifiées, les indemnités prud'homales sont plafonnées pour qu'elles fassent peser moins de risques sur les PME. Les instances représentatives du personnel peuvent fusionner dans une délégation unique. Par ailleurs, le dispositif récent de rupture conventionnelle permet à l'employeur et au salarié de mettre fin, d'un commun accord, au contrat de travail, par signature d'une convention.
Cependant, les petites entreprises ne disposant pas de cadre des ressources humaines sont très pénalisées par la complexité du droit du travail français.

Les aides publiques aux entreprises

• Elles sont consenties par l'État ou par les collectivités territoriales. Leurs interventions doivent cependant respecter la liberté du commerce et de l'industrie et toute ingérence dans le capital d'une entreprise privée est interdite.

• Des aides directes ne peuvent être allouées que par le conseil régional : prêts et avances à long terme consentis à des conditions favorables et bonifications de taux d'intérêt, exonérations de taxes pendant une durée limitée, pour les entreprises nouvellement installées.

- La Cour des comptes juge cependant ces aides peu efficaces et coûteuses, à cause de l'absence de coordination des dispositifs. Trop nombreuses et peu visibles, elles ne concernent que 2 % des entreprises.

- Ainsi, dans le cadre de la gestion de la pandémie de la Covid-19, de multiples dispositifs en faveur des salariés ont été mis en place.

L'aide aux entreprises en difficulté

- Des Comités départementaux d'examen des problèmes de financement des entreprises (CODEFI) sont chargés de diagnostiquer les difficultés d'adaptation de certaines entreprises, de proposer des mesures financières tendant à assurer leur redressement et de maintenir les emplois menacés. Une aide de l'État est versée sous forme de prêts ou de moratoire pour les dettes fiscales et sociales.
Lorsqu'aucune possibilité de redressement n'existe, le comité veille, en liaison avec les services chargés de l'emploi, à faciliter la reconversion et le reclassement des personnels licenciés.

- Ces entreprises peuvent également solliciter l'aide du Fonds national pour l'emploi (FNE) géré par la délégation à l'emploi du ministère chargé des questions d'Emploi, et dont le but est notamment de mettre en œuvre des programmes d'aide à la reconversion et au reclassement professionnels des travailleurs menacés dans leur emploi.
Depuis mars 2020, des dispositifs particuliers de soutien à la viabilité des entreprises ont été créés, parmi lesquels les prêts garantis par l'État (PGE).

Le recours au chômage partiel

Ce dispositif permet la suspension des contrats de travail en cas de difficultés provisoires résultant de la situation économique de l'entreprise. Sont ainsi évités des licenciements lors des baisses temporaires d'activité. Les salariés qui subissent une perte de salaire imputable soit à la fermeture temporaire de l'établissement qui les emploie, soit à la réduction de l'horaire de travail habituellement pratiqué dans l'établissement bénéficient d'une allocation spécifique à la charge de l'État.
En avril 2020, lors du premier confinement, 8,5 millions de salariés ont bénéficié de ce dispositif. En septembre 2021, ils étaient 600 000.

L'encadrement des procédures de réduction d'effectifs

• Le droit du travail encadre strictement les procédures de compression d'effectifs : les instances représentatives du personnel dans l'entreprise sont associées étroitement à la procédure ; la DIRECCTE, direction régionale des entreprises, de la concurrence et de la consommation, du travail et de l'emploi, doit contrôler le contenu des plans sociaux et vérifier que toutes les mesures visant à la prévention des licenciements ont été mises en œuvre.
Ces exigences fondent aussi la jurisprudence en matière de licenciements : plusieurs plans sociaux d'envergure ont été annulés par le juge, lorsqu'il estimait que l'entreprise ne s'était pas donné les moyens suffisants de prévenir les licenciements.

• Cependant, les politiques actives de l'emploi n'interviennent pas seulement pour le maintien ou le développement de l'offre d'emplois. Elles s'attachent aussi à adapter la demande d'emploi à l'offre…

2. L'adaptation des compétences professionnelles de la population active aux besoins des entreprises

L'orientation professionnelle

• Préalable indispensable à la formation professionnelle, elle a pour objet de déceler les goûts et les aptitudes professionnelles des individus, et de leur proposer une formation en adéquation à la fois avec leurs souhaits et avec les emplois offerts sur le marché du travail.

Trois types d'organismes publics assument cette fonction :
– au sein de l'Éducation nationale, l'Office national d'information sur les enseignements et les professions (ONISEP) définit les actions générales ; ses unités opérationnelles sont les Centres d'information et d'orientation (CIO) ;
– Pôle emploi assure aussi un conseil professionnel auprès des demandeurs d'emploi, il peut prendre l'initiative d'organiser des formations en fonction des demandes de certaines filières d'activité ;
– des « missions locales » facilitent l'insertion des jeunes dans la vie active, en les informant sur les formations et en les guidant vers des filières appropriées.

• La loi du 5 mars 2014 a confié la coordination de ces acteurs aux conseils régionaux, dans le cadre du service public régional de la formation professionnelle et du service public régional de l'orientation, avec un nouvel outil de programmation : le Contrat de plan régional de développement des formations et de l'orientation professionnelle.

• L'orientation professionnelle peut aussi intéresser des personnes déjà en poste. Des organismes privés proposent des bilans destinés à préparer la réorientation des salariés dont l'emploi est menacé, ou qui souhaitent accéder à un nouveau type d'emploi. Un « Conseil en évolution professionnelle » (CEP) a été instauré par la loi du 5 septembre 2018 *(supra)*.

La formation professionnelle

• Dans la continuité de l'orientation, elle est un instrument essentiel de la politique de l'emploi. Elle permet aux individus d'accéder à l'emploi, puis d'actualiser leurs compétences et de faciliter leur mobilité vers un emploi correspondant aux besoins évolutifs des entreprises.

• Elle se décline en formation initiale et formation continue. La formation continue a fait l'objet de plusieurs réformes récentes pour encourager les actifs à se professionnaliser en se formant à tout âge : création d'un Droit individuel de formation (loi du 4 mai 2004) ; de la validation des acquis de l'expérience (loi du 17 janvier 2002) ; obligation faite aux entreprises de mettre en place des mesures d'adaptation et de formation en faveur des « seniors » (loi du 24 novembre 2008 sur la formation tout au long de la vie professionnelle) ; création d'un Compte personnel de formation (CPF) tout au long de la vie (lois du 14 juin 2013 et du 5 mars 2014) ; etc. Les lois se succèdent à un rythme annuel et complexifient le système de formation. Ainsi, la loi du 5 septembre 2018 « pour la liberté de choisir un avenir professionnel » a encore réformé le CPF, désormais inclus dans le Compte personnel d'activité et crédité en euros et non plus en heures, qui permet aux salariés de conserver leurs droits à formation quand ils changent d'employeurs. Il inclut aussi le compte pénibilité. Par ailleurs, les organismes de formation doivent être labellisés.

• Les politiques actives de l'emploi ne suffisent pas à prévenir tous les dérèglements du marché du travail. Les politiques dites « passives » interviennent alors comme « amortisseur » social des fluctuations de l'activité économique et de l'emploi.

FICHE 30. Les politiques passives qui compensent les conséquences sociales du chômage

Lorsqu'un salarié est confronté à une situation de chômage, plusieurs dispositifs sont prévus pour accompagner son départ et « sécuriser » son devenir : le Fonds National pour l'Emploi (FNE) finance différentes mesures immédiates, relayées à plus long terme par l'assurance chômage.

1. Le FNE : dispositif d'accompagnement social des changements économiques

• Les entreprises qui doivent recourir à une diminution de leur effectif peuvent bénéficier des aides du FNE.
Le recours aux préretraites aidées, extrêmement important dans les années 1980-1990 au sein des filières en crise, est désormais révolu :
- leur coût est prohibitif pour l'État ;
- leur utilité économique et sociale est contestée ;
- la situation financière des régimes de retraite milite pour un allongement de la durée d'activité. La France est l'un des pays dont la durée d'activité est la plus courte, même si elle tend à s'allonger.

• La résolution de ces problèmes passe peut-être par l'introduction d'une plus grande souplesse dans la gestion de fins de carrière, qui devra s'accompagner d'une réforme des modalités d'accès à la retraite : la retraite progressive permet aux salariés âgés d'au moins 60 ans et indépendants de réduire progressivement leur temps.

• La FNE accompagne aussi les entreprises par la mise en œuvre de mesures de formation professionnelle, d'aides au reclassement, etc.

2. La couverture sociale du risque chômage

En son sein coexistent deux régimes : le régime d'assurance et le régime de solidarité.

Le régime d'assurance contre le chômage

• D'origine conventionnelle (voir fiche 5), il est géré et financé par l'UNEDIC. Toutes les entreprises privées employant du personnel y sont assujetties. Son financement est assuré par des cotisations à la charge de l'employeur. La cotisation à la charge des salariés a été supprimée en octobre 2018 et une fraction de la CSG activité est affectée, en contrepartie, à l'assurance chômage.

• La prestation principale est l'Allocation d'aide au retour à l'emploi (ARE). Les règles de calcul sont fixées par la convention du 14 avril 2017. Cependant, les dispositions ont été amendées par deux décrets le 26 juillet 2019 après l'échec des négociations entre les partenaires sociaux sur les modalités d'une nouvelle convention.

Pour pouvoir bénéficier de cette allocation, le salarié dont le contrat de travail a pris fin doit remplir certaines conditions :
- avoir été privé involontairement de son emploi : licenciement, départ négocié pour motif économique, arrivée à terme d'un contrat à durée déterminée, démission justifiée (pour suivre le conjoint muté par exemple) ;
- être inscrit comme demandeur d'emploi à Pôle emploi ;
- être à la recherche effective et permanente d'un emploi ;
- être en chômage total ;
- ne pas avoir atteint l'âge de la retraite (au-delà, en effet, l'individu est pris en charge par la Sécurité sociale, au titre de la retraite) ;
- être physiquement apte à occuper un emploi ;
- justifier d'une durée d'affiliation au régime UNEDIC, de 6 mois sur les 24 mois qui précèdent la fin de son contrat de travail (au lieu de 4 mois avant la réforme).

• Plus la durée de cotisation préalablement à la situation de chômage est longue, plus importante est la durée d'indemnisation. La durée d'indemnisation est égale à la durée d'affiliation, avec un maximum de 24 mois (ou 36 mois si le salarié privé d'emploi a plus de 50 ans).
Depuis 2014, un chômeur ayant repris une activité professionnelle alors qu'il n'avait pas épuisé ses droits bénéficie, en cas de nouvelle perte de son activité, de la reprise des droits initiaux jusqu'à leur épuisement. Ce sont les « droits rechargeables », mais qui ont été limités par la réforme de 2019.

• Depuis 2001, l'allocation chômage n'est plus dégressive si la personne indemnisée s'inscrit dans le cadre d'un Projet personnalisé d'accès à l'emploi (PPAE) sauf, depuis 2019, pour les personnes touchant de hauts revenus.

Si la personne refuse le PPAE ou ne respecte pas ses engagements, si elle refuse un emploi correspondant à une qualification que le service public de l'emploi lui a permis d'acquérir, un coefficient de dégressivité s'applique à son allocation jusqu'à épuisement de ses droits, sur décision préfectorale.
Depuis septembre 2015, Pôle emploi dédie 1 000 conseillers au contrôle de la recherche d'emploi, avec des sanctions graduées en fonction des constats. En pratique, cette force de frappe est faible et les sanctions sont rares, même si les contrôles ont été durcis par un décret du 28 décembre 2018.

- Un cumul entre les allocations de chômage et un salaire est possible sous certaines conditions et pour une durée limitée, de façon à inciter les travailleurs privés d'emploi à en retrouver un.

- La réforme de l'assurance chômage de 2019 instaure aussi un bonus-malus permettant de moduler les cotisations patronales en fonction de 6 fréquences d'utilisation des contrats à durée déterminée. L'indemnisation chômage est ouverte, sous plusieurs conditions, depuis la loi du 5 septembre 2018 sur la liberté de choisir son avenir professionnel, à des salariés démissionnaires ayant un autre projet professionnel. Les travailleurs indépendants en bénéficieront, mais sous certaines conditions.

Le régime de solidarité

- Lorsque les personnes au chômage ne remplissent plus les conditions pour bénéficier de l'assurance chômage, le régime de solidarité peut prendre le relais.
L'Allocation de solidarité spécifique est exclusivement financée par les collectivités publiques, mais c'est Pôle emploi qui en assure la gestion et le versement, selon le principe du « guichet unique ».

- Sous certaines conditions, ces allocations sont accordées aux personnes qui ont épuisé leurs droits, aux personnes qui ne justifient pas d'une durée d'activité salariée suffisante précédant l'inscription auprès de Pôle emploi, ou à des personnes cherchant à se réinsérer : anciens détenus notamment.

- Après épuisement de ces droits, les personnes peuvent solliciter le Revenu de solidarité active, conçu pour être un rempart contre l'exclusion.

FICHE 31. Données générales sur l'exclusion

8,9 millions de personnes vivraient, en France, sous le seuil de pauvreté : leur niveau de vie est inférieur à 60 % du revenu médian en France, soit environ 1 100 €, au 1er septembre 2021, par personne et par mois.
Selon l'INSEE, au 1er octobre 2021, on compte 1,9 million de foyers bénéficiaires du revenu de solidarité active, en baisse. Cependant le nombre de bénéficiaires de la nouvelle prime d'activité (4,4 millions de foyers, en hausse), interroge sur le phénomène des travailleurs pauvres.

1. L'exclusion : un concept récent pour qualifier une problématique millénaire...

• L'histoire sociale est jalonnée d'événements témoignant de la prise en compte, par les pouvoirs publics comme par certains acteurs privés, des difficultés auxquelles sont confrontés les Français démunis (fiche 1). À l'intervention de l'Église ou d'associations de charité s'est progressivement ajoutée une intervention étatique organisée ; d'abord répressive, allant jusqu'à la déportation des « mendiants » sous Napoléon, cette intervention est devenue plus « sociale » à la fin du XIXe siècle et ciblée sur certaines catégories de population : vieillards, infirmes, enfants abandonnés.

Au XXe siècle, chaque nouvelle ère politique et/ou économique apportant son lot de nouveaux besoins sociaux – guerres mondiales et impératif de reconstruction, Trente Glorieuses et consommation de masse, chocs pétroliers et début d'une longue période de crise, etc. –, les politiques publiques ont été progressivement adaptées sous la pression de rapports alarmants (appel de l'Abbé Pierre en 1954 ; rapport Wrésinski au Conseil économique et social en 1987 sur la pauvreté, etc.). La pauvreté n'est plus perçue comme résiduelle : elle est un enjeu politique et social majeur.

• Aux concepts de pauvreté et d'indigence s'est progressivement substitué celui d'exclusion. En France, peu d'individus se trouvent en effet dans le dénuement le plus complet. En revanche, un certain nombre d'entre eux sont exclus des modes de vie habituels : c'est ce phénomène de marginalisation, à la fois globale et relative, que le concept d'exclusion cherche à traduire.

L'exclusion est globale car elle se caractérise par la multiplicité des causes – chômage, maladie, etc. –, des conséquences – pauvreté, perte du logement, etc. – et la diversité des publics touchés, la société rejetant à ses marges des publics autrefois protégés de la précarité : familles entières victimes d'une situation de chômage de longue durée ; jeunes en situation d'échec scolaire et professionnel, etc.
L'exclusion est également relative car elle se définit par opposition à une norme : les modes de vie auxquels accède la majorité de la population.

• L'ambition des politiques de lutte contre les exclusions est donc double :
– d'une part, des plans d'urgence pallient certaines conséquences de l'exclusion, touchant aux besoins primaires de la population : ouverture de foyers supplémentaires chaque hiver (logement d'urgence et alimentation), création des « SAMU sociaux » (soins), déblocage de fonds d'urgence dont la distribution est assurée par les préfectures, etc. ;
– d'autre part, des dispositifs plus ambitieux et moins ponctuels visent à apporter une réponse plus complète aux problématiques de l'exclusion. La loi du 1er décembre 1988 créant le RMI a été l'une des premières traductions concrètes de cette orientation.

Ce dispositif était en effet précurseur à trois titres :
– par la prise en compte globale de l'exclusion et des réponses apportées ;
– par son souci de coordonner les nombreux intervenants sociaux, puisqu'aucun des acteurs du champ social n'est en mesure de trouver seul une solution au problème de l'exclusion et à ses conséquences ;
– par la substitution du concept de contrat entre le bénéficiaire de l'aide et la collectivité publique à celui d'assistance.
Il a été perfectionné par la loi du 1er décembre 2008, qui a substitué le Revenu de solidarité active (RSA) au RMI.

2. L'exclusion se caractérise par la multiplicité des causes

• Autrefois, les difficultés d'une famille étaient souvent liées à une cause majeure : un grave problème de santé du père par exemple, ou un état de pauvreté. Elles étaient alors gérées par les parents proches – ascendants ou descendants – dans le cadre de la solidarité familiale. Lorsque cette aide « interne » à la cellule familiale était inexistante ou insuffisante, des aides publiques ponctuelles étaient prévues : aide sociale, bourses, etc.

• Aujourd'hui, l'exclusion est un phénomène plus complexe, qui cumule plusieurs causes : chômage, problèmes de santé, illettrisme, monoparentalité, etc. Ces causes engendrent souvent des conséquences multiples et de même nature : perte de l'emploi, faiblesse des ressources, premiers impayés de loyers conduisant parfois à l'expulsion du logement, déstructuration de la cellule familiale, etc. L'état de santé des personnes évoluant dans les milieux sociaux les plus défavorisés est plus dégradé que celui de la moyenne de la population. L'accès à certains soins, particulièrement coûteux et/ou mal remboursés par l'assurance maladie de base et la CMU complémentaire, est toujours fermé à ces catégories. Le mauvais état de santé du chef de famille peut nuire à son insertion professionnelle et enclencher le processus d'exclusion.

• Le chômage est souvent cité comme cause première d'exclusion. Pourtant, contrairement aux idées reçues, l'insertion professionnelle n'est pas forcément un rempart contre l'exclusion : la précarité des contrats, des horaires et la faiblesse des rémunérations afférentes génèrent une incertitude qui décourage parfois leurs titulaires et se révèle nuisible à leur réinsertion. Les dispositifs légaux ont certes été aménagés pour permettre temporairement le cumul des revenus d'un emploi avec les aides sociales attribuées à la personne antérieurement à sa reprise d'emploi. Mais d'autres obstacles subsistent : recherche et coût de la garde d'enfants pour la mère qui trouve un travail, coût du transport, etc.

• La solidarité familiale ne joue plus suffisamment pour pallier ces difficultés. Quand elle intervient, elle peut être inopérante face à la complexité des situations. Les pouvoirs publics prennent donc de plus en plus l'initiative :
– par la reconnaissance de nouveaux droits sociaux aux familles démunies ;
– par la concrétisation de ces droits au moyen de politiques actives associant plus fortement les bénéficiaires, plutôt que par des mesures relevant de l'assistanat.

FICHE 32. La mise en œuvre de politiques globales et multipartenariales de lutte contre les exclusions

1. À causes multiples, réponses multiples et adaptées

Plusieurs lois ont institué de nouveaux droits fondamentaux.

Le droit à un revenu minimum

- La loi du 1er décembre 1988 a créé une allocation d'un nouveau type : le Revenu minimum d'insertion. Plusieurs catégories de population s'étaient certes vu reconnaître ce droit préalablement à la loi de 1988 (personnes âgées avec le minimum vieillesse ; familles bénéficiaires de prestations familiales ouvertes sous condition de ressources). L'originalité tenait d'une part à l'ouverture de ce droit à l'ensemble de la population résidente, sous condition d'âge et de ressources ; et d'autre part à l'établissement d'une relation contractuelle entre la société et le bénéficiaire. Ces conditions le distinguent du « revenu minimum d'existence » réclamé par certains, qui souhaiteraient le voir versé à l'ensemble de la population, de la naissance à la mort…

- Le RSA – Revenu de solidarité active – semble un juste compromis : la condition de ressources est maintenue, mais la condition d'âge a été assouplie. Cette allocation est donc une allocation différentielle et subsidiaire, qui doit permettre d'assurer un revenu minimal à son bénéficiaire, en complément des revenus éventuels reçus par ailleurs (autres allocations, rentes, salaires.). En octobre 2021, on compte 1,9 million de foyers bénéficiaires.
En 2016, la Prime d'activité se substitue au RSA activité et à la prime pour l'emploi (mais pas au RSA socle) pour compléter les ressources des salariés modestes. 4,4 millions de foyers en bénéficient, nombre qui dépasse largement les prévisions initiales d'autant que la prime a été augmentée en 2021 en réponse au mouvement des « gilets jaunes ». 7,5 % de la population est couverte. Les bénéficiaires sont souvent des femmes seules et chargées de famille (22 % des bénéficiaires) ; 1 million de jeunes de moins de 26 ans seraient éligibles. Ce succès interroge sur la pertinence de notre modèle économique et social : l'État a-t-il les moyens de pallier, pour un aussi grand nombre de salariés, l'incapacité du salaire à faire face aux dépenses quotidiennes ?

Les entreprises profitent-elles de ces mécanismes pour minorer leurs dépenses salariales ? Est-ce à ce prix qu'elles peuvent espérer gagner en compétitivité sur le plan international ? Ce système est-il viable à long terme ?

• Mais l'exclusion n'est pas seulement engendrée par la faiblesse des revenus ; en cela, elle ne peut se résumer à la pauvreté. Aussi, en même temps que le droit à un revenu minimum, les personnes en situation d'exclusion se voient désormais reconnaître d'autres avantages sociaux.

Le droit au logement

Ce domaine sera plus particulièrement étudié dans la partie 7.

• Le droit au logement a été consacré par la loi dite Besson du 31 mai 1990, complétée par la loi du 29 juillet 1998 relative à la lutte contre les exclusions. Des fonds sociaux départementaux ont été mis en place, pilotés par les conseils départementaux depuis la loi du 13 août 2004.
Ainsi, pour prévenir les expulsions, des aides financières peuvent être attribuées :
- dans le cadre du fonds de solidarité logement, destiné à prévenir les impayés de loyers ;
- dans le cadre des fonds eau, électricité et même téléphone, pour éviter les coupures dues aux factures non acquittées.

De plus, dans les départements les plus ambitieux, des travailleurs sociaux réalisent un « accompagnement social au logement », assurant l'éducation des familles à la gestion du budget, à l'entretien du logement pour la part relevant du locataire, etc.

• Mais d'autres acteurs s'impliquent dans les problématiques du logement : la loi dite DALO du 5 mars 2007 a créé un droit au logement « opposable », les personnes s'estimant mal logées pouvant désormais saisir la justice.
La loi ALUR (Accès au logement et urbanisme rénové) du 24 mars 2014 avait prévu la mise en place d'un système de garantie universelle des loyers en 2016, pour protéger les propriétaires contre les risques d'impayés, mais a été remplacée par une mesure plus restreinte, limitée aux salariés jeunes et précaires (la garantie Visale).

• Enfin, les caisses de Sécurité sociale peuvent définir le logement comme priorité au sein de leur politique d'action sociale : elles coordonnent souvent leur action avec l'État et le Conseil départemental pour lutter contre l'habitat indigne (CAF, MSA) ou pour inciter les seniors à adapter leur logement à la survenance de la dépendance (Caisse nationale de solidarité pour l'autonomie, CD, CARSAT, MSA).

La lutte contre le surendettement

De nombreuses familles, encouragées par la facilité avec laquelle les banques et autres organismes de crédit attribuent des prêts « à la consommation », ou par les taux bas en matière de crédit immobilier, ont cumulé les prêts, sans pouvoir tous les honorer : 800 000 ménages seraient surendettés (nombre en baisse).

- La loi du 31 décembre 1989 avait créé un dispositif visant à la prévention et au règlement des difficultés liées au surendettement des particuliers. Elle institue une procédure de règlement amiable par l'élaboration d'un plan conventionnel approuvé par les principaux créanciers et le débiteur, dès lors que celui-ci est dans l'impossibilité manifeste de faire face à l'ensemble de ses dettes, en toute bonne foi.

Puis la loi du 29 juillet 1998 a allongé l'étalement maximal de la dette de 5 à 8 ans et prévu la possibilité de demander une suspension du règlement de certaines dettes pendant une période de 3 ans.

Enfin, la loi du 1er août 2003 pour la ville et la rénovation urbaine puis celle du 1er juillet 2010 portant réforme du crédit à la consommation ont introduit le dispositif de « rétablissement personnel », utilisé depuis longtemps en Allemagne, dans le droit français : quand la situation d'une personne est « irrémédiablement compromise » et si l'intéressée est de bonne foi, elle peut saisir la commission de surendettement. Cette dernière ou le débiteur lui-même peuvent saisir la justice, qui prononce la liquidation du patrimoine, à l'exception des biens nécessaires à la vie courante ou indispensables à l'activité professionnelle de l'intéressé. Le produit de la vente est réparti entre les créanciers. Puis le juge clôture la procédure et efface ainsi toutes les dettes non professionnelles (même si le produit de la vente a été insuffisant pour payer tous les créanciers).

- Ces dispositions répondent à un réel besoin : près de 85 000 dossiers avaient été déposés en 1990 ; puis 213 000 en 2002 et 108 000 en 2020. L'endettement est constitué de crédits immobiliers (14 % des cas), crédits de trésorerie (85 %), ou d'un cumul des deux. Plus d'une personne surendettée sur deux, fait partie d'un ménage vivant sous le seuil de pauvreté, monoparental (22 %) ou au chômage (25 %).

L'accès aux soins

Les personnes connaissant des difficultés sociales les cumulent souvent avec des problèmes de santé. L'accès aux soins leur est alors indispensable pour espérer les voir revenir à meilleure fortune (fiche 11).

L'accès à la culture, au sport, aux vacances

40 % des Français ne partent pas en vacances. Ce domaine relève de la compétence du Conseil départemental, en particulier pour les bénéficiaires du RSA et leurs familles. Les communes et les CAF proposent aussi des aides aux familles défavorisées : classes vertes, bons vacances, tickets loisirs, modulation des tarifs d'accès aux équipements sportifs et culturels en fonction des ressources, etc.

L'aide à l'intégration pour les migrants

11 % de la population résidant en France est d'origine étrangère. Les étrangers (n'ayant pas la nationalité française) représentent 6,7 % de la population.
Depuis 2006 est généralisé le Contrat d'intégration républicaine, par lequel les personnes désireuses de s'installer en France s'engagent dans un processus d'intégration. L'Office français de l'immigration et de l'intégration (OFII) propose sur tout le territoire les mêmes prestations sociales, sanitaires, administratives, et les formations civiques ou linguistiques, à tous les étrangers récemment titulaires d'un titre de long séjour en France.

L'accès aux droits

- La reconnaissance législative de nouveaux droits ne garantit pas forcément que les bénéficiaires potentiels sauront en tirer parti. Se pose alors une problématique inextinguible : comment porter l'information aux catégories de populations les plus isolées (les personnes sans domicile fixe notamment) ou à celles qui ne sont pas familières des outils numériques ?

- L'obligation de « dématérialisation » des demandes d'aide est aussi une source de complexité pour les assurés n'ayant pas un accès facile à Internet.

- Plusieurs dispositifs ont été testés (« Maisons de la solidarité », futures « maisons France service » constituant un « guichet unique » pour faciliter les démarches des administrés). Mais les personnes les plus marginalisées font-elles vraiment la démarche de se rendre dans ces structures, acte qui implique une volonté forte de leur part pour surmonter leurs difficultés éventuelles à communiquer, pour reconnaître leurs problèmes et demander une aide ?

- Par ailleurs, la délivrance de la plupart des prestations est conditionnée par l'élection de domicile : les personnes sans domicile fixe doivent ainsi s'inscrire auprès d'un organisme agréé, qui leur sert de « boîte aux lettres ». Or, peu de personnes SDF acceptent de se soumettre à cette formalité.
Cette problématique reste donc entière.

L'insertion professionnelle

- Dans une société où près de 3 millions de personnes souhaitant exercer une activité professionnelle sont au chômage, les pouvoirs publics sont forcés de consacrer des moyens conséquents pour favoriser l'insertion et la réinsertion professionnelle (fiches 29 et 30).

- Cependant, l'insertion professionnelle ne se décrète pas, puisqu'elle dépend étroitement de facteurs exogènes aux politiques publiques : situation économique de la France, elle-même largement dépendante de paramètres économiques internationaux ; positionnement des entreprises sur la question de l'emploi, etc.
L'autre facteur exogène est la volonté des personnes elles-mêmes de s'insérer sur le marché du travail. À ce titre, le dispositif d'insertion prévu dans la loi du 1er décembre 1988 sur le RMI n'a pas perdu de son actualité au sein du revenu de solidarité active. Il repose sur la notion de relation contractuelle entre les pouvoirs publics et le bénéficiaire du RSA. L'attribution de l'aide financière est en effet liée à la réalisation d'une démarche d'insertion par le bénéficiaire, qui doit donc manifester factuellement sa volonté de sortir de l'exclusion.

2. L'instauration d'une relation contractuelle entre le bénéficiaire des aides et la société

- Le RMI était le premier « produit » d'une nouvelle philosophie d'aide à la personne. Comme le RMI, son successeur, le RSA, créé par la loi du 1er décembre 2008, n'est pas une prestation d'aide sociale, ni une prestation de Sécurité sociale, mais une combinaison de droits ouverts en une seule démarche : allocation différentielle, assurance maladie, action d'insertion sociale et/ou professionnelle. Dans ce cadre, l'insertion sociale et/ou professionnelle est non seulement un droit, mais aussi une obligation du bénéficiaire : son engagement consiste à bâtir puis à respecter un contrat d'insertion. La collectivité publique, quant à elle, doit lui proposer des actions coordonnées adaptées à ses besoins et devant aboutir à sa réinsertion.

- La démarche repose sur des outils spécifiques :

– le Contrat unique d'insertion (CUI), doit être souscrit pour les bénéficiaires du RSA, mais également les membres du foyer. Le contrat doit faire apparaître tous les éléments utiles à l'appréciation de la situation sanitaire, sociale et professionnelle du foyer, ainsi que la nature du projet et son calendrier de réalisation. Le contenu est donc adapté en fonction de la situation personnelle des intéressés : ceux qui peuvent occuper un emploi sont orientés vers des stages de formation professionnelle, ou des emplois aidés ; les autres vers des objectifs moins ambitieux, comme l'accès aux soins, préalable souvent indispensable à la reprise d'une vie sociale et professionnelle normale. Le contrat est suivi par un référent, spécialisé dans l'insertion et conventionné avec le conseil départemental ;

– le programme départemental d'insertion : il doit permettre d'organiser les actions d'insertion, à partir d'une évaluation des besoins et des moyens et d'une convention passée entre les collectivités publiques concernées. Sa mise en œuvre implique en effet des organismes publics ou privés qui instruisent les demandes, le conseil départemental qui décide de l'attribution de l'allocation et la finance, la CAF et la MSA qui assurent le paiement, et des référents, conventionnés avec le Conseil départemental, qui assurent le suivi du contrat d'insertion.

- Depuis 2014 et compte tenu de leurs difficultés financières, plusieurs conseils départementaux ont systématisé les contrôles à domicile pour lutter contre la fraude.

- Une loi annoncée pour 2020 devrait créer le Revenu universel d'activité, qui regroupera plusieurs prestations sociales dans un but de simplification (et d'économies pour les finances publiques ?), et qui sera assorti de devoirs supplémentaires, notamment en matière d'insertion.
À l'automne 2021, le projet est au point mort.

FICHE 33. Perspectives et regard international

1. Les politiques sociales, « amortisseur des crises économiques »

• La France peut se prévaloir de politiques et de dispositifs nombreux visant tant à prévenir les dysfonctionnements du marché du travail qu'à pallier leurs conséquences pour les personnes qui en sont victimes. L'orientation actuelle du gouvernement comme des partenaires sociaux est de privilégier les politiques dites « actives » de lutte contre le chômage (promotion de l'emploi, de la formation, etc.), et « d'activer » les dépenses dites passives (d'indemnisation du chômage) en incitant les chômeurs ou bénéficiaires du revenu de solidarité active à reprendre une activité.

• Outre l'intérêt économique et social de ces orientations, elles permettent aussi de préserver l'avenir du régime de couverture du chômage. En effet, ce régime est confronté à des déficits chroniques, variables en fonction des aléas de la croissance économique et de l'évolution corrélative du taux de chômage. Ainsi, pour 2021, le déficit de l'UNEDIC se monte à 12 milliards d'euros, et atteint 60 milliards d'euros en cumul fin 2021.
Dans les périodes déficitaires, les partenaires sociaux peuvent durcir les modalités d'indemnisation : hausse des cotisations patronale et salariale, revalorisation plus faible des allocations chômage, etc.

• Au sein des pays européens, l'assurance chômage française offre la durée d'indemnisation la plus longue. Le taux de chômage français est plus important que la moyenne… et beaucoup plus important que dans les pays anglo-saxons. Tous essaient d'activer les politiques passives pour inciter les chômeurs à reprendre un emploi, et tous essaient de réduire les charges sociales pesant sur le travail. En revanche, on enregistre de fortes disparités, sur la durée légale du travail, ou sur l'existence et le niveau d'un salaire minimum. Ces disparités nuisent à la reprise de l'emploi en France, car elles incitent les entreprises à créer des emplois en dehors de nos frontières, là où le coût du travail est moins onéreux.

2. Les difficultés à coordonner les différents acteurs sociaux

L'implication d'un grand nombre d'acteurs présente une difficulté majeure : leur coordination n'est pas toujours facile et leur engagement apparaît inégal, d'autant que la loi crée beaucoup de possibilités et peu d'obligations. Plusieurs insuffisances peuvent ainsi être relevées :

– les conseils départementaux rechignent parfois à dégager les moyens financiers – très conséquents – nécessaires pour faire face aux nouvelles charges imposées par la loi ;

– les acteurs tant publics que privés (associations d'insertion notamment) sont nombreux à intervenir dans les dispositifs d'insertion ; mais les entreprises, qui sont pourtant le principal vecteur d'insertion professionnelle, en sont absentes !

– les obligations à la charge des bénéficiaires ne font pas toujours l'objet de contrôle ;

– les mesures prises sont encore très catégorielles et ne traitent souvent que l'une des causes d'exclusion. Pour pallier cette carence, a été développé le travail en équipe pluridisciplinaire, qui permet aux travailleurs sociaux d'être moins isolés dans la pratique de leur discipline, d'échanger avec d'autres professions médico-sociales et de rendre complémentaires donc plus efficaces les différents types d'interventions ;

– la tendance bien française à penser en termes curatifs plus que préventifs sévit également dans le domaine de la lutte contre l'exclusion : les financeurs débloquent les aides quand la situation d'exclusion est pleinement avérée et… souvent irrémédiablement installée. L'efficacité des mesures en pâtit.

3. Une dynamique d'insertion trop faible

Les rapports de la Cour des comptes exposent les limites de ces dispositifs : ils relèvent le manque d'évaluation du dispositif, l'inadaptation de l'offre d'insertion aux besoins. La Cour recommande de respecter davantage l'obligation légale de contractualisation entre le référent et le bénéficiaire, et de structurer davantage les référents en les dotant de nouveaux moyens d'accompagnement.

4. L'exclusion – ou le mythe de Sisyphe

- La politique de lutte contre les différentes formes d'exclusion est ambitieuse dans ses objectifs – plus que dans de nombreux pays comparables – et permet à une part non négligeable de la population (estimée à environ 10 %) de vivre au-dessus du seuil de pauvreté.

- Les inégalités sociales restent significatives, entre salariés et non-salariés, entre salariés qualifiés et non qualifiés, entre actifs et retraités malgré les politiques visant à lutter contre les exclusions mais aussi à redistribuer les richesses nationales – comme la politique familiale, qui privilégie de plus en plus la lutte contre la pauvreté, ou la politique fiscale. Les pouvoirs publics ne peuvent pas laisser la cohésion sociale s'affaiblir, sans prendre le risque d'être à terme confrontés à des risques sociaux majeurs.

- Dès lors, faut-il donner suite aux propositions très ambitieuses qui se font jour autour du « Revenu minimum d'existence » (montant uniforme qui serait attribué à toute la population, sans que soient pris en compte le niveau de vie ou l'emploi de chacun, avec l'objectif d'assurer un minimum vital à tous et de mettre en œuvre une certaine égalité des chances) ?
Mais où placer le curseur entre le soutien temporaire indispensable dans les moments difficiles de la vie et l'assistanat ? La Finlande a expérimenté le « revenu universel » dans l'une de ses régions. D'environ 560 € par mois, il se substituait à toutes les aides sociales. Son coût de gestion était donc plus faible. Mais risque-t-il de détourner les bénéficiaires de la recherche d'un emploi ? Une réflexion intéressante dans nos sociétés, à l'heure où elles deviennent incapables de fournir un emploi à leurs actifs. Mais, la Finlande a abandonné le « revenu universel », constatant que le dispositif échouait à supprimer les trappes à pauvreté.

- Des « poches » d'exclusion subsisteront quelle que soit l'importance des fonds publics consacrés à leur éradication. Aussi cette partie ne pouvait-elle être close sans mentionner l'action des multiples institutions privées qui agissent en faveur des populations fragiles, souvent dans les interstices laissés par les actions publiques : nombre d'associations accordent des secours aux populations démunies, financés par appel à la générosité publique (Secours populaire, Secours catholique, associations de médecins qui fournissent gratuitement des soins de santé, etc.). Intervenant au contact des réalités de terrain, ces organismes participent largement aux politiques publiques de lutte contre les exclusions, car ils se voient parfois confier, par convention avec les collectivités territoriales ou les organismes de Sécurité sociale, la gestion de services à vocation sociale.

Les actions publiques et privées sont donc, dans la lutte contre l'exclusion comme dans tout autre domaine social, particulièrement complémentaires et imbriquées.

FICHE 34. Test

QCM

1 En France, la population active :

- ❍ a. Augmente.
- ❍ b. Est stable.
- ❍ c. Diminue.

2 Combien y a-t-il de chômeurs recensés par Pôle emploi en France ?

- ❍ a. 1,8 million.
- ❍ b. 2,4 millions.
- ❍ c. 6 millions.

3 Le taux de chômage des jeunes est :

- ❍ a. Supérieur au taux de chômage de la population totale.
- ❍ b. Inférieur.
- ❍ c. Identique.

4 Quel est le rôle du FNE ?

- ❍ a. Inciter les entreprises à réduire le temps de travail à 35 heures.
- ❍ b. Accompagner les entreprises en difficulté dans le reclassement voire la diminution de leur effectif.
- ❍ c. Vérifier que le contenu des plans sociaux effectués par les entreprises respecte le droit du travail et comporte toute mesure de nature à éviter les licenciements.

5 À taux de croissance égal, la France crée :

- ❍ a. Moins d'emplois que les pays comparables.
- ❍ b. Autant d'emplois.
- ❍ c. Plus d'emplois.

6 Dans le cadre du PPAE, l'aide au retour à l'emploi peut être dégressive.

- ❍ a. Vrai.
- ❍ b. Faux.

7 La prime d'activité bénéficie beaucoup aux familles monoparentales.

- ❍ a. Vrai.
- ❍ b. Faux.

8 Le régime d'assurance-chômage est économiquement :

- ❍ a. équilibré.
- ❍ b. excédentaire.
- ❍ c. déficitaire.

⑨ **Pôle emploi sert :**

❍ a. Les prestations d'assurance chômage.

❍ b. Les prestations chômage dites « de solidarité », pour le compte de l'État.

❍ c. Les deux.

⑩ **La loi du 1er décembre 1988 a créé :**

❍ a. L'aide médicale gratuite.

❍ b. Le RMI.

❍ c. Le droit au logement.

⑪ **Qu'est-ce que le RSA ?**

❍ a. Le revenu social des actifs

❍ b. Le revenu social agricole.

❍ c. Le revenu de solidarité active.

⑫ **La décision d'attribution du RSA est prise par :**

❍ a. Le conseil départemental.

❍ b. La caisse d'allocations familiales.

❍ c. Le préfet.

⑬ **La protection universelle maladie s'est substituée à la couverture maladie universelle de base.**

❍ a. Vrai.

❍ b. Faux.

⑭ **La loi du 5 mai 2007 est relative à :**

❍ a. La lutte contre les exclusions.

❍ b. La création de la CMU.

❍ c. L'instauration d'un droit au logement.

⑮ **Combien de ménages sont surendettés ?**

❍ a. 330 000

❍ b. 530 000

❍ c. 800 000

⑯ **Qu'est-ce que le revenu minimum d'existence ?**

❍ a. Un capital versé à la naissance de chaque enfant, destiné à assurer son avenir.

❍ b. Un revenu identique pour tous les membres de la société, quels que soient leur statut et leur revenu, destiné à créer une parfaite égalité des chances.

❍ c. L'autre nom du RSA quand le bénéficiaire n'est pas en mesure de suivre une procédure d'insertion.

Corrigé

1. **a.** ; 2. **b.** ; 3. **a.** ; 4. **b.** ; 5. **a.** ; 6. **a.** ; 7. **a.** ; 8. **c.** ; 9. **c.** ; 10. **b.** ; 11. **c.** ; 12. **a.** ; 13. **a.** ; 14. **c.** ; 15. **c.** ; 16. **b.**

PARTIE 7

Les **politiques** de la **ville** et du **logement**

FICHE 35. La politique de la ville : ambitieuse dans ses objectifs, limitée dans ses moyens

L'accès au logement est l'une des composantes majeures de la politique de la ville, dont les objectifs sont au moins aussi divers et nombreux que ceux de la lutte contre les exclusions, vus dans la partie 6. Ces deux politiques ont d'ailleurs plusieurs points communs : assez récentes, elles témoignent d'**une nouvelle approche des problèmes sociaux par les pouvoirs publics**. À l'origine – dans les années 1980 – cette approche se voulait pluridimensionnelle, son ambition étant de prendre en compte l'ensemble des causes d'un problème social donné et de traiter globalement ses conséquences. À ce titre sont associés, dans le cadre de relations transversales et contractuelles, de nombreux partenaires publics et privés. Depuis le début des années 2000 cependant, le pragmatisme – ou le manque de moyens ? – a conduit les pouvoirs publics à segmenter les dispositifs.

1. Naissance et développement de la politique de la ville

• Au sortir de la Seconde Guerre mondiale, l'impératif de reconstruction, la nécessité de loger les populations immigrées appelées à y participer, puis le souhait de la population – de plus en plus citadine du fait de l'exode rural – d'accéder, pendant les Trente Glorieuses, à des logements offrant le « confort moderne », ont incité les pouvoirs publics à commander la construction d'une quantité « industrielle » de logements. À la périphérie des villes ont été édifiés les « grands ensembles » préfabriqués, capables d'accueillir une forte densité de population. Ces constructions, pourtant ambitieuses comme le souhaitait l'architecte Le Corbusier – ensembles aérés, desservis par des services collectifs fonctionnels – ont souvent mal vieilli.

• À cette dégradation des locaux liée à leur mauvaise qualité et au défaut d'entretien, se sont progressivement ajoutées d'autres problématiques : chômage, exclusion, insécurité, drogue, délinquance, racisme. Dès le début des années 1970, le rapport de la commission des villes du VIe Plan a relevé l'affaiblissement de la vie publique dans les nouvelles agglomérations urbaines et ajouté que « la spécialisation excessive de l'espace (zones industrielles, cités-dortoirs), la séparation croissante des groupes sociaux (la ségrégation sociale par l'argent), le dépérissement des centres urbains et des possibilités de vie sociale qu'ils offraient contribuaient à l'appauvrissement de la vie proprement urbaine ».

- Les populations ayant les moyens de quitter ces ensembles ont cédé la place à des familles défavorisées, et les premiers incidents violents – à Vénissieux en 1981 – ont révélé l'ampleur du problème social que les médias ont rapidement qualifié de « mal des banlieues », et le **rôle clé des villes dans l'intégration sociale et économique de leurs habitants**.

- Le caractère aigu de la crise nécessitait la mise en œuvre d'une politique volontariste. De nombreuses actions ont donc été proposées dans le cadre de politiques dérogatoires au droit commun, et dans de multiples domaines : réinsertion professionnelle, prévention de la délinquance, amélioration du cadre de vie, réduction des nuisances, intégration des quartiers sensibles dans l'agglomération grâce au développement des transports en commun et à l'implantation des services publics dans ces quartiers, etc.

- Ainsi, à l'heure où **80 % de la population française est citadine**, la ville est devenue un projet de société où l'action sociale trouve pleinement sa place. Mais les actions ponctuelles, disparates et souvent superposées les unes aux autres sans réelle cohérence ni coordination, n'ont pas fait pleinement la preuve de leur efficacité. Sous la pression des incidents qui se multipliaient, les pouvoirs publics ont tenté de promouvoir une approche plus globale dès le début des années 1980, sous l'égide de la DATAR (Délégation à l'aménagement du territoire et à l'action régionale) dans le cadre des contrats de plan, puis de la Commission nationale pour le développement social des quartiers, et enfin du comité interministériel pour les villes créé en 1984.

- Dans le même temps, la loi de décentralisation du 7 janvier 1983 a transféré aux communes la responsabilité de l'urbanisme et de l'aménagement du territoire. L'État a corrélativement réduit son rôle.

- Cependant, la crise économique et les problèmes d'emploi ayant parfois occulté les préoccupations d'urbanisme au sein des collectivités territoriales, l'État central a réinvesti le domaine d'action en créant en 1988 la Délégation interministérielle à la ville (DIV) impliquant tous les ministères concernés à un titre ou à un autre, par les problématiques de la ville : ministères chargés des Questions sociales, d'Emploi, de Sécurité, d'Éducation, etc. Ont alors été mises en œuvre les actions de « développement social des quartiers ».

C'est en 1990 que la délégation devient un ministère, qui a pour mission « de promouvoir l'essor de la vie sociale, économique et culturelle des villes, d'améliorer le cadre de vie urbain et d'éliminer les exclusions ».

Dès lors, chaque gouvernement lance son projet de « relance » pour la ville et impose de nouvelles contraintes aux communes : les plans locaux d'urbanisme doivent intégrer les questions sociales pour favoriser un développement urbain respectueux de tous les habitants.
Est également institué le principe de solidarité entre les communes, qui oblige les communes les plus riches à participer aux finances des plus pauvres. La loi crée une dotation de solidarité urbaine et de cohésion sociale, dont bénéficient les communes faisant face à certains types de difficultés (logements sociaux nombreux, faible potentiel fiscal par habitant). La péréquation entre les communes est consacrée pour « assurer à chaque citoyen l'égalité des chances sur l'ensemble du territoire » (loi du 4 février 1995 et du 13 décembre 2000).
En outre, afin de favoriser la mise en commun des moyens et l'émergence de projets concernant des territoires ou bassins plus larges que les communes, l'intercommunalité est imposée, par les préfets, aux communes réfractaires.

Enfin, les collectivités publiques sont tenues de rénover les quartiers anciens des villes et de prévoir un nombre minimum de logements sociaux dans le cadre d'un programme triennal. Depuis 2002 en effet, les communes sont censées supporter, sur leur budget, un prélèvement par logement social manquant, la norme à atteindre étant de 20 % de logements sociaux sur la totalité du parc des logements, voire 25 % pour les villes de plus de 3 500 habitants depuis 2018.

- Aux actions coercitives s'ajoutent des actions plus incitatives : la loi autorise les collectivités, dans les zones les plus défavorisées, à exonérer les entreprises de la contribution financière des entreprises afin d'encourager l'implantation d'activités économiques. De véritables « zones franches urbaines » sont ainsi créées.

- La loi d'orientation et de programmation pour la ville et la rénovation urbaine du 2 août 2003 crée le programme national de rénovation urbaine, qui visait à restructurer 530 quartiers sensibles et dégradés à l'horizon 2015. Une Agence nationale pour la rénovation urbaine (ANRU) a été créée à cette occasion, dont l'action a été renforcée par la loi de programmation pour la ville et la cohésion urbaine du 21 février 2014.

- La loi DALO du 5 mars 2007 a créé le « droit au logement opposable » (fiche 36).

- La loi pour la programmation de la ville et la cohésion urbaine du 21 février 2014 a recentré les aides sur des « quartiers prioritaires » déterminés en fonction du revenu de leurs habitants. Un nouveau programme de renouvellement urbain est lancé pour la période 2014-2024, sous l'égide du Commissariat général à l'égalité des territoires.

- La loi ELAN du 23 novembre 2018 (portant Évolution du Logement, de l'Aménagement et du Numérique) simplifie les procédures pour la construction de nouveaux logements sociaux, au prix d'une réforme drastique des bailleurs sociaux (offices HLM).

2. Des objectifs ambitieux

- La politique de la ville emprunte ses concepts à des domaines aussi divers que l'aménagement du territoire, **l'urbanisme, le logement social, la lutte contre les exclusions**.

Ses objectifs sont multiples et ont été pour la plupart largement abordés dans la partie précédente relative à la lutte contre les exclusions :
– réhabilitation de l'habitat et accès au logement ; amélioration des dessertes par les transports collectifs ;
– accès aux droits et aux services, par la réimplantation de services de proximité, le renforcement du nombre de travailleurs sociaux à disposition des habitants. Dans certains quartiers, des « plates-formes » regroupent en un lieu unique les services qui contribuent à l'insertion sociale et professionnelle : Pôle emploi, AFPA, missions locales, PAIO (permanences d'accueil, d'information et d'orientation), CPAM, collectivités territoriales, associations d'insertion ;
– encouragement à l'expression des habitants, avec l'ambition de les associer davantage à la politique mise en œuvre dans leur quartier ;
– prévention de la délinquance et lutte contre l'insécurité. Le Fonds interministériel de prévention de la délinquance finance des actions spécifiques initiées dans le cadre des contrats de ville ;
– adaptation des structures éducatives aux besoins de la population, pour lutter contre l'échec scolaire au sein des réseaux d'éducation prioritaire : stabilisation des personnels, lutte contre la violence à l'école, adaptation des

programmes de formation, soutien aux parents dans l'exercice de la « parentalité », création d'écoles « de la deuxième chance » ;
– insertion professionnelle, par l'implantation d'entreprises et des aides à la création d'emplois pour l'embauche de jeunes dans les « quartiers prioritaires » ;
– accès aux soins et à l'éducation pour la santé ; prévention des comportements à risques et notamment de la toxicomanie.

• L'atteinte de ces objectifs implique une participation de tous les acteurs et une coordination sans faille. Aussi **de nouveaux outils** ont-ils été créés pour formaliser ces interventions. **La contractualisation des relations entre les partenaires** est l'un des principes phares de la politique de la ville.
Les nouveaux contrats de ville, créés par la loi précitée de 2014, se substituent aux contrats urbains de cohésion sociale et aux opérations de renouvellement urbain.
Ils sont conclus entre le préfet, les collectivités territoriales, parfois les organismes d'HLM, de protection sociale, de transport et les chambres consulaires, sous l'égide de l'ANRU et pour 6 ans.

• Ces outils doivent favoriser le décloisonnement des interventions sectorielles, particulièrement dans les grandes agglomérations françaises touchées par des problèmes de cohésion sociale. Ils nécessitent *a minima* la collaboration de trois niveaux : région, département et commune. Le préfet détient la responsabilité du choix des sites. Il a une délégation globale de crédits pour la mise en œuvre. Mais compte tenu du faible engagement financier de l'État, les maires des grandes villes prennent souvent le relais.

• En effet, la création de nouveaux outils ne garantit pas à coup sûr l'atteinte des objectifs. Dans ses rapports sur la politique de la ville, la Cour des comptes épingle régulièrement plusieurs insuffisances nuisibles à l'efficacité du dispositif.

3. Des moyens limités

• La politique de la ville est avant tout une **politique incitative**, dont le succès dépend étroitement de l'implication des acteurs de terrain. Or cette implication est inégale selon les acteurs et selon les régions. Par ailleurs, de nombreuses collectivités territoriales – les communes tout particulièrement – n'avaient pas attendu le dispositif national pour mettre en œuvre leurs propres mesures alternatives. De plus, elles ne se sentent pas toujours suffi-

samment associées à la définition de la politique de la ville pour en appliquer les dispositions. Et leur implication n'est pas davantage favorisée par les subventions, les moyens de l'ANRU étant limités.
Illustration : l'encadrement des loyers prévu dans les grandes villes par la loi ALUR (26 mars 2014) s'est avéré très difficile à mettre en œuvre.

• **Les moyens financiers engagés pour la politique de la ville sont souvent jugés insuffisants**, même s'ils ont été accrus depuis 2000.
Réparties entre tous les contrats, les aides sont d'un montant faible et trahissent l'une des insuffisances de la politique de la ville : le « saupoudrage » des moyens financiers.
La Cour des comptes a obtenu le recentrage des aides sur les zones les plus prioritaires, ce qui devrait concentrer les actions sur 4,8 millions d'habitants au lieu de 8 millions il y a trois ans.
L'actuelle crise des finances publiques ne permet pas de réelle alternative. Pourtant l'effort public total consacré aux politiques de la ville est beaucoup plus important, ce qui en dit long sur l'implication propre des autres acteurs que l'État, les communes notamment mais aussi l'Union européenne à travers les fonds qu'elle met à disposition.
L'État a aussi mis à contribution les organismes collecteurs du « 1% Logement » versé par les entreprises, pour la création de nouveaux programmes de logements sociaux.

• L'efficacité de ces moyens reste difficile à évaluer. Bien que la politique de la ville soit un symbole de la modernisation des modes d'action des pouvoirs publics, la Cour des comptes et l'Observatoire national de la politique de la ville ont pointé **plusieurs insuffisances relatives aux objectifs et aux procédures** :
- l'imprécision des objectifs, nuisible à l'efficacité de l'action publique ;
- l'éparpillement des initiatives et des moyens, et la sédimentation des procédures et des « zonages » ;
- la complexité des partenariats entre l'État et les collectivités territoriales et le manque d'objectifs opérationnels dans les contrats locaux ;
- la difficulté à maintenir des commerces et les services publics en tous points du territoire ;
- la difficulté à contrôler les actions et à en évaluer l'efficacité ;
- la difficulté à articuler la politique de la ville avec les autres politiques dans les domaines de la sécurité, de l'éducation, de l'emploi.

Cette complexité déroute les acteurs de terrain, à commencer par les travailleurs sociaux et les habitants des quartiers directement concernés.

• **La complexité des procédures ne facilite pas le travail social et n'encourage pas l'implication des habitants.** La France peine donc à expérimenter l'« *empowerment* », mode de gouvernance participatif associant les habitants et pratiqué en Amérique du Nord. La politique de la ville se heurte là aux limites de la démocratie participative. Les territoires concernés par ces mesures abritent une population présentant plusieurs caractéristiques : une grande diversité, de nombreuses situations de précarité, un taux de chômage de 42 %, une moyenne d'âge très jeune par rapport à la moyenne nationale, des enseignants moins expérimentés qu'ailleurs, une plus forte renonciation aux soins et une plus forte proportion de population d'origine étrangère, confrontée notamment à la barrière de la langue. La mobilisation des habitants des quartiers est donc particulièrement complexe.

Pourtant, **la politique de la ville concerne plus de 4,8 millions d'habitants (8 % de la population totale)**. Les associations de terrain et les travailleurs sociaux sont alors d'utiles relais des souhaits des habitants. Cependant, dans les zones les plus difficiles, de nombreux postes de travailleurs sociaux sont vacants ; quant à ceux qui exercent, ils regrettent que la complexité des procédures alourdisse leurs travaux purement administratifs, au détriment des actions de proximité.

• De nombreux acteurs avaient trouvé leur place dans l'action sociale au profit des quartiers défavorisés, et ce bien avant que cette démarche soit désignée comme un « tout » cohérent sous le vocable de « politique de la ville ». Derrière le vocable se cache néanmoins une réalité moins cohérente, où c'est davantage l'État qui semble chercher sa place sur un terrain largement occupé par des acteurs ayant pour eux l'atout de la proximité.
La multitude des acteurs et initiatives n'est cependant pas toujours le gage d'une réelle efficacité. La Cour des comptes souligne que « la crise des zones urbaines défavorisées, qui n'est pas propre à la France, a tendance à s'étendre à de nouveaux sites et à s'aggraver malgré les efforts déployés par les multiples acteurs – élus, responsables administratifs et associatifs – concernés par cette question ».

• La « crise des gilets jaunes » a mis en lumière que d'autres territoires avaient besoin d'être soutenus : les territoires ruraux, dont les habitants ont le sentiment d'être abandonnés par les services publics. La création des Maisons « France service », potentiellement dans chaque canton, est la réponse des pouvoirs publics pour concentrer de nombreux services en un seul lieu. Sera-t-elle suffisante pour lutter contre le sentiment d'abandon du monde rural ?

FICHE 36. Le logement au cœur des politiques sociales en faveur des plus démunis

L'estimation du nombre de personnes « sans abri » est par définition délicate et varie de 93 000 à 400 000 selon les sources (300 000 selon la Fondation Abbé Pierre en 2020, donnée la plus récente connue). 150 000 personnes – dont 40 000 enfants – vivraient dans des centres d'hébergement ou un abri de fortune. Mais ce chiffre ne prend pas en compte toutes les situations (personnes sans logement vivant à l'hôtel notamment).
À cette population s'ajouteraient entre 1,5 et 3 millions de personnes mal logées.
La promotion du logement est une constante dans les politiques publiques depuis l'après-seconde guerre mondiale. Aux programmes de construction de « grands ensembles » des années 1950 à 1970 a été substituée une « politique de la ville », doublée d'efforts visant à faire du logement décent un droit et à en favoriser l'accès pour les plus démunis.

1. La consécration du droit au logement opposable : effet d'annonce ou réelle avancée sociale ?

• **La mise en œuvre du droit au logement est un objectif déjà ancien**, puisqu'affiché par la loi Besson du 31 mai 1990, en complément de la loi de 1988 instaurant le RMI. La mise en place dans chaque département d'un plan d'action pour le logement des personnes défavorisées a été décrétée, devant leur permettre d'accéder à un logement ou de s'y maintenir. Ce plan doit être élaboré par le préfet et le président du Conseil départemental, il associe également les Caisses d'allocations familiales, les bailleurs publics ou privés, les organismes collecteurs du « 1 % patronal », les organismes HLM.

Le préfet peut notamment déterminer quelles familles doivent être relogées en priorité par les organismes gérant les HLM.

• **Pour solvabiliser les familles démunies**, cette même loi a mis en place un fonds de solidarité pour le logement, qui permet d'accorder des aides financières aux personnes qui ne peuvent assumer le paiement de leur loyer et des charges. Ce fonds est géré par le Conseil départemental. Dans certains départements, il est complété par un dispositif d'« accompagnement social au logement » exercé par des travailleurs sociaux et destiné à aider les familles à accéder à un logement puis à le conserver, par des mesures d'éducation à la gestion budgétaire notamment.

• Dans cette même optique, les allocations logement ont été progressivement améliorées jusqu'en octobre 2017, date à laquelle les pouvoirs publics ont décidé de les réduire de 5 euros. Le nombre d'allocataires a fortement augmenté ces dernières années : les prestations profitent à 13,7 millions de personnes, pour un montant de 18 milliards d'euros en hausse permanente, qui interroge le gouvernement en période de fort endettement public (voir fiche 37). Elles seront réformées en 2020 pour maîtriser leur coût par la prise en compte des ressources les plus récentes du bénéficiaire.

• La loi de cohésion sociale du 18 janvier 2005, complétée par celle du 13 juillet 2006 portant engagement national pour le logement, a aussi mis en œuvre des mesures de prévention des expulsions. Elles permettent de limiter les expulsions pour impayés de loyers, nombreuses chaque année lorsque la « trêve hivernale » s'achève (environ 15 000).

De même ont été réformées les procédures d'attribution des logements sociaux, afin qu'elles soient plus équitables (réduction des délais d'attente ; médiation du préfet en cas de délai anormalement long).

• De plus, les pouvoirs publics veillent à **accroître l'offre de logements** dans le parc immobilier public. En 1991, les communes ont été incitées à acheter des logements vacants pour les mettre à la disposition de personnes défavorisées. Dès 1997, des logements vacants appartenant à des organismes publics ont été réquisitionnés. Depuis 2002, les communes de plus de 3 500 habitants doivent compter 20 % de logements sociaux sur la totalité du parc immobilier. Il a été décidé que le pourcentage serait relevé à 25 % en 2025 par la loi du 19 janvier 2013.

Le gouvernement met en exergue, depuis 2015, des communes particulièrement défaillantes en la matière, dans lesquelles le préfet pourrait se substituer au maire en cas de besoin. La loi ELAN en 2018 réforme drastiquement les offices HLM et les procédures de construction des logements sociaux.

• Les bailleurs privés sont aussi concernés : des réductions d'impôts sont accordées aux investisseurs effectuant des travaux pour rendre des locaux habitables et les proposer à la location. Elles sont plus incitatives lorsque la location est proposée à des personnes ayant un faible niveau de ressources.

• Les lois du 13 décembre 2000 et 13 juillet 2006 ont introduit une nouvelle exigence, celle de « décence » du logement, à laquelle tout logement loué doit désormais satisfaire.

• Parallèlement, les organismes collecteurs du 1 % Logement doivent offrir des garanties supplémentaires aux propriétaires acceptant de louer leur bien aux familles. Les associations peuvent aussi se porter garantes pour ces familles et leur sous-louer des logements sociaux.

• Enfin, la loi du 5 mars 2007 a institué le Droit au logement opposable (DALO), qui permet aux personnes sans logement ou mal logées de saisir les autorités, voire les tribunaux si aucune solution amiable n'est trouvée. Pour bénéficier de ce droit, il faut être de nationalité française ou résider en France de façon régulière ; ne pas être en mesure d'accéder par ses propres moyens à un logement décent et indépendant et de s'y maintenir ; avoir déposé une demande de logement social. On estime à 600 000 le nombre de bénéficiaires potentiels de cette mesure.
Mais depuis le vote de la loi, 270 000 personnes ont été déclarées prioritaires et parmi elles, seules 167 500 ont pu changer de logement. Le respect de l'obligation de résultat en matière de logement est très inégal selon les régions.
Lorsque l'accès à un logement indépendant n'est pas envisageable, les personnes démunies peuvent bénéficier d'un hébergement collectif, régenté par les services de l'État.

2. Dans les cas extrêmes : l'hébergement d'urgence dans des structures collectives

• Cet hébergement relève de la **responsabilité de l'État**, qui doit mettre en œuvre, dans chaque département, **une politique et un schéma des centres d'hébergement et de réinsertion sociale**. La loi de lutte contre les exclusions du 29 juillet 1998 a en outre institué un dispositif de veille sociale à l'initiative des préfectures, fonctionnant 24 heures sur 24, dont le rôle est d'informer et d'orienter les personnes en difficulté, de mettre en relation les demandeurs d'hébergement avec les centres ayant des places disponibles, et de garantir une orientation adaptée des personnes.
Les centres d'hébergement sont des asiles, des cités de transit ou de promotion familiale, des centres d'accueil mère-enfant ou de réinsertion sociale.
Les centres de statut privé, gérés par des associations par exemple, doivent obtenir une autorisation administrative du préfet pour fonctionner et rece-

voir des financements de l'aide sociale étatique. Dans le cas général, une convention est alors conclue entre le centre et l'État. Elle précise notamment les catégories de personnes accueillies et les caractéristiques des locaux ; les dépenses à prendre en compte dans le prix de journée ; les caractères généraux de l'action socio-éducative à laquelle le centre s'engage. En contrepartie, une dotation globale de fonctionnement est fixée chaque année par le préfet, couvrant les dépenses de logement, d'entretien, d'action socio-éducative.
Des centres peuvent aussi être financés par des associations ou par le conseil départemental lorsqu'ils accueillent des bénéficiaires de l'aide sociale à l'enfance (mères et enfants en danger).

• **Les personnes prises en charge – plus de 100 000 par an – ont des profils très divers :**
– individus – les deux tiers sont des hommes – ou familles privés de logement par des circonstances indépendantes de leur volonté ;
– femmes ou jeunes majeurs en difficulté (les mineurs sont également beaucoup plus nombreux aujourd'hui) ;
– personnes sans logement sortant d'un établissement hospitalier ;
– personnes attendant l'octroi du statut de réfugiés ;
– personnes qui se trouvent hors d'état d'assumer leurs responsabilités sociales ou familiales ;
– personnes SDF ayant accepté les mesures qui leur ont été proposées pour recouvrer leur autonomie sociale et professionnelle ;
– personnes libérées de prison et sans domicile ;
– personnes en danger de prostitution.
Cette liste n'est pas exhaustive.
La procédure normale est l'admission d'urgence par le préfet.

• **Les situations rencontrées sont souvent très complexes.** La diversité des personnes accueillies implique une intervention très diversifiée : accueil personnalisé ; hébergement de nuit ; entretien et nourriture ; actions socio-éducatives ; actions spécialisées de lutte contre l'alcoolisme, la drogue, la prostitution ; assistance administrative ; réinsertion professionnelle notamment dans le cadre de l'atelier de production souvent adjoint au centre. Les CHRS doivent en effet s'adapter à l'accueil des jeunes sans qualification, des femmes avec ou sans enfant quittant leur conjoint pour violence, des chômeurs de longue durée en fin de droits et des familles sans ressources. Pour apporter une réponse adaptée, les établissements doivent en principe ne pas accueillir plus de deux ou trois catégories différentes de personnes.

• Mais la plupart des 900 établissements doivent faire face à plusieurs autres difficultés :
– **le faible nombre de places disponibles**. Certains départements sont presque totalement dépourvus de centres d'hébergement. Dans certaines structures, la promiscuité dissuade les personnes sans domicile d'y accéder. Afin d'accroître les places disponibles (200 000), le gouvernement a annoncé le maintien des 43 000 places d'hébergement d'urgence en 2021-2022 ouvertes lors du premier confinement en 2020 ;
– l'importance et **la pérennisation de la demande d'hébergement** malgré la solvabilisation des familles grâce aux aides sociales. Pourtant, paradoxalement, la population la plus marginalisée ne fréquente que ponctuellement les CHRS. 12 % des places d'hébergement sont consacrées aux situations d'urgence. 8 % le sont à « l'hébergement de stabilisation », transitoire entre l'hébergement d'urgence et l'hébergement d'insertion. Ce dernier type d'hébergement s'inscrit dans la durée et permet à des personnes de retrouver leur autonomie (76 % des places). Les CHRS doivent aussi accueillir des demandeurs d'asile, les centres d'accueil (CADA) étant saturés (source : DREES) ;
– le contingentement des moyens par l'État. L'activité des centres étant restée du ressort de l'État, les collectivités territoriales ne sont pas toujours désireuses de mener avec lui une action partenariale facultative, alors même que d'autres situations sociales difficiles relèvent de leur compétence (jeunes majeurs, femmes enceintes ou mères isolées). Or l'État n'a pas toujours les moyens de financer les emplois d'encadrement nécessaires au bon fonctionnement des centres et à la prise en charge efficace des personnes accueillies.

FICHE 37. Perspectives et regard international

1. Crises urbaines et politiques sociales en Europe

• La plupart des pays européens ont été confrontés, comme la France, à des « crises urbaines » engendrées par plusieurs facteurs : choix d'urbanisme adoptés en urgence dans l'après-guerre ; situation économique difficile d'une partie de la population ; développement de la criminalité, etc.
Les politiques de la ville se sont généralisées dans de nombreux pays industrialisés à partir des années 1990.
Le droit au logement a valeur constitutionnelle dans plusieurs pays d'Europe : Espagne, Finlande, Portugal, Grèce, Suisse notamment.

• Mais derrière cette tendance générale se cachent des situations très disparates : la Grande-Bretagne a adopté une politique semblable à la France, en affectant des fonds spécifiques à des quartiers confrontés à des problématiques particulières (chômage, bas salaires, cherté du foncier) ou au développement de certaines zones rurales, en partenariat avec des entreprises. L'effort financier public est comparable à la France. En Grande-Bretagne, le droit au logement est formalisé depuis 1977 dans le « Housing Act ». Les communes doivent fournir un logement aux personnes qui sont dans le besoin. Comme la France et l'Allemagne, la Grande-Bretagne cherche à développer la « démocratie participative » dans les quartiers aidés. Néanmoins, les émeutes qui ont agité Londres en août 2011 témoignent des limites des politiques publiques de la ville et de l'intégration.

• Certains pays, comme le Danemark, concentrent leurs efforts sur la lutte contre la criminalité ou sur l'insertion des jeunes issus de l'immigration.

• Plusieurs pays ont favorisé la construction de logements neufs (Europe continentale et Europe du Sud) depuis le début des années 2000. De nombreux États ont un système d'aide à la pierre ou d'aides à la personne pour solvabiliser son accès au logement. Néanmoins, ce système est de plus en plus controversé : en incitant les promoteurs à accroître les prix, il serait contre-productif, et a conduit l'Espagne à une grave crise immobilière.

• Les derniers États entrés dans l'Union rencontrent pour leur part quelques difficultés similaires à celles de l'Europe de l'Ouest, comme l'urbanisation galopante. Mais ils ont aussi plusieurs atouts, par tradition : des transports en commun très développés par exemple.

• L'Allemagne est aussi novatrice en matière de développement des transports urbains, dans l'objectif environnemental de chasser les voitures des centres-villes. Elle essaie de développer de nouveaux lieux de solidarité en zones urbaines, notamment autour des maisons de quartier intergénérationnelles. Les pays développés comme l'Allemagne ou la Grande-Bretagne tentent aussi de densifier les villes pour limiter le recours aux transports individuels, et freiner le mitage des zones rurales.

• Les institutions européennes n'ont pas de compétence urbaine, mais accompagnent financièrement les pays lançant des programmes de rénovation.

2. La politique de la ville en France : au milieu du gué

• La politique française de la ville fait l'objet de plusieurs constats très nuancés, de la part de l'Observatoire national des zones urbaines sensibles devenu « Observatoire national de la politique de la ville » en 2014, comme de la Cour des comptes.
La Cour des comptes mène régulièrement des enquêtes sur la gestion des crédits affectés à la politique de la ville : ses constats sont toujours critiques. Elle préconise notamment d'améliorer le circuit des subventions attribuées aux associations ; de réactualiser les zones géographiques prioritaires ; d'effectuer des contrôles pour augmenter l'efficacité des subventions.

L'Observatoire précité, pour sa part, fait les remarques suivantes :
– le taux de chômage dans les quartiers prioritaires reste très supérieur à la moyenne des autres quartiers ;
– même constat pour le taux de réussite scolaire.

• Forts de ces constats, les pouvoirs publics lancent régulièrement de nouveaux dispositifs mais la politique de la ville peine à échapper à ses vieux démons : éparpillement et saupoudrage.

• La participation des communes est aléatoire. 250 d'entre elles ne respectent pas le quota de logements sociaux imposé par la loi SRU, les sanctions n'étant pas appliquées. La création de logements sociaux est parfois vécue comme une prise de risques par les petites communes, partagées entre la crainte de devoir gérer des familles en difficulté et la tentation de s'ouvrir à de nouveaux habitants pour éviter la fermeture de classes… Mais l'intégration de générations plus jeunes nécessite aussi de lourds investissements (crèches, etc.).
Dans les communes « carencées », l'État préempte des terrains et des logements ; le préfet peut délivrer des permis de construire en se substituant au

maire ; il peut mobiliser des logements vacants dans le secteur privé. Des amendes seront infligées aux communes.

• Quant au droit au logement opposable, présenté en 2007 comme une avancée sociale sans équivalent, il ne produit pas les effets escomptés : deux tiers des bénéficiaires potentiels ne font pas valoir ce droit ; l'État a les plus grandes difficultés à respecter le délai légal fixé pour les relogements. Néanmoins, le mal-logement tend à reculer actuellement.

• Les politiques de la ville et du logement exigent donc des pouvoirs publics une vigilance sans relâche tant les besoins sont importants. Cependant, entre les ambitions affichées et les réalités, il y a loin de la coupe aux lèvres. Car la concrétisation du DALO nécessiterait des moyens financiers énormes. Ainsi, le comité de suivi de la mise en œuvre du droit au logement opposable indique qu'il faudrait mettre à disposition 9 000 nouveaux logements par an, en Île-de-France, pour faire face aux besoins ; or, dans le contexte actuel de déficits publics majeurs, on ne peut pas tout attendre de l'État et des collectivités territoriales.
Dans ce contexte, chaque acteur saura-t-il prendre sa part de responsabilités dans l'exécution du « contrat social » qui lie chaque membre de notre société à tous les autres ?

3. La nécessité de bien penser les réformes à venir

• Les projets du gouvernement actuel visant à rationaliser les aides au logement sont légitimes compte-tenu des coûts engagés et de l'inéquité induite par des règles d'attribution obsolètes.
En revanche, ils sont incompris et contestés tant par les bénéficiaires que par les bailleurs sociaux, qui soulignent les faiblesses de la méthode utilisée pour cette réforme. L'urgente nécessité de réduire les déficits publics ne doit pas conduire à réformer les politiques sociales sans réflexion préalable, au risque d'accroître encore les inégalités.

• Dans la même veine, la hausse de l'impôt sur les bailleurs privés pour les inciter à investir dans les entreprises plus que dans l'immobilier présente le risque d'accroître encore la pénurie de logements locatifs, dans un contexte où les collectivités publiques n'ont plus les moyens d'en construire.

• Les bailleurs sociaux se sont fortement opposés à l'exigence gouvernementale de regrouper ceux dont le patrimoine compte moins de 15 000 logements, et aux ponctions réalisées sur leurs ressources par la loi de finances de 2018.

Schéma synthétique sur l'orchestration de la politique de la ville

Interministérielle*

Ministères impliqués :
1. Travail, Affaires sociales, Ville
2. Éducation nationale
3. Justice
4. Intérieur
5. Écologie et Développement durable
6. Outre-mer

Pluridimensionnelle*

1. Programmes d'insertion professionnelle, de création d'emplois ; lutte contre les exclusions ; aide aux parents ; accès aux soins, etc.
2. Projets éducatifs locaux
3. Maisons de justice, accès au droit
4. Sécurité, lutte contre la délinquance, prévention en direction des jeunes
5. Amélioration de l'habitat, développement de l'habitat social, etc.
6. Transports urbains
7. Équipements de loisirs et sportifs
8. Programmes précités adaptés au contexte des DOM

Multipartenariale*

Niveau national :
Comité interministériel des villes (CIV)
Conseil national des villes (CNV) et son secrétariat général
Agence nationale pour la rénovation urbaine, ministères précités
Commissariat général à l'égalité des territoires

Niveau local :
Services de l'État : préfets, sous-préfets délégués à la ville, services déconcentrés (directions régionales de l'environnement, de l'aménagement et du logement – DREAL ; et de la jeunesse, des sports et de la cohésion sociale – DRJSCS).
Collectivités territoriales : communes, communautés urbaines, conseils départementaux
Services publics : La Poste, organismes de Sécurité sociale, Pôle emploi, police, etc.
Associations, offices HLM, entreprises, commerces, etc.
Habitants des quartiers concernés

Territorialisée*

Quartiers prioritaires de la politique de la ville

Contractuelle*

Contrats locaux de sécurité
Contrats de ville
Contrats locaux de santé

* Qualificatifs utilisés dans les travaux de la Cour des comptes sur la politique de la ville.

FICHE 38. Test

QCM

1 La population française est citadine :

- ❍ a. À 50 %.
- ❍ b. À 65 %.
- ❍ c. À 80 %.

2 Le ministère à la Ville a été créé en :

- ❍ a. 1978.
- ❍ b. 1988.
- ❍ c. 1990.

3 La dotation de solidarité urbaine et de cohésion sociale :

- ❍ a. Est la contribution des villes au développement de l'équipement en milieu rural.
- ❍ b. Instaure une solidarité financière des quartiers favorisés au bénéfice des quartiers défavorisés d'une même ville.
- ❍ c. Instaure une solidarité financière entre les communes pour favoriser le développement de logements.

4 Combien de personnes vivent dans les quartiers éligibles au bénéfice des mesures proposées dans le cadre de la politique de la ville ?

- ❍ a. 8 % de la population française totale.
- ❍ b. 18 %.
- ❍ c. 28 %.

5 Que permettent les aides à l'emploi dans les quartiers prioritaires ?

- ❍ a. L'embauche de salariés sans formalités dans les villes défavorisées.
- ❍ b. La création d'entreprise sans formalité préalable dans les villes défavorisées.
- ❍ c. L'exonération d'impôts et de cotisations pour les entreprises qui s'installent et embauchent dans ces zones.

6 Quel est l'outil privilégié de contractualisation entre l'État et les communes ?

- ❍ a. Le contrat famille.
- ❍ b. Le contrat de ville.
- ❍ c. Le contrat urbain de cohésion sociale.

7 Les « contrats locaux de sécurité » ont pour objectif de :

- ❍ a. Lutter contre la délinquance urbaine.
- ❍ b. Promouvoir la sécurité sanitaire en développant l'accès aux soins.
- ❍ c. Promouvoir la sécurité écologique en éloignant les entreprises à forts risques des centres-villes.

FICHE 38

8. **Le droit au logement a été institué par la loi du :**
- ❍ a. 1er décembre 1988.
- ❍ b. 31 mai 1990.
- ❍ c. 29 juillet 1998.

9. **Le fonds de solidarité logement propose :**
- ❍ a. Des aides financières aux personnes démunies ayant des difficultés à payer leur loyer.
- ❍ b. Le prêt temporaire d'un logement aux familles récemment expulsées.
- ❍ c. L'hébergement provisoire en famille d'accueil de personnes sans domicile fixe.

10. **Les centres d'hébergement et de réinsertion sociale sont de la responsabilité :**
- ❍ a. Des communes.
- ❍ b. Du conseil départemental.
- ❍ c. Du préfet.

11. **Combien de logements sociaux les communes doivent-elles prévoir, sur le parc total de logements ?**
- ❍ a. 5 %.
- ❍ b. 10 %.
- ❍ c. 20 %.

12. **Le « DALO » est :**
- ❍ a. Le droit au logement
- ❍ b. Le droit au logement opposable.

13. **Le nombre de personnes mal logées en France est évalué à :**
- ❍ a. 15 000.
- ❍ b. 150 000.
- ❍ c. 1,5 million.

☑ Corrigé

1. c. ; 2. c. ; 3. c. ; 4. a. ; 5. c. ; 6. b. ; 7. a. ; 8. b. ; 9. a. ; 10. c. ; 11. c. ; 12. b. ; 13. c.

QCM bilan

1 Les dépenses totales de Sécurité sociale en France s'élèvent à :

- ❍ a. 500 millions d'euros.
- ❍ b. 500 milliards d'euros.
- ❍ c. 5 000 milliards d'euros.

2 L'Assurance chômage a été créée en :

- ❍ a. 1948, juste après la Sécurité sociale.
- ❍ b. 1958.
- ❍ c. 1968, après les événements de mai.

3 L'UNEDIC a été supprimée lors de la création de Pôle emploi :

- ❍ a. Vrai
- ❍ b. Faux

4 La réforme de l'Assurance chômage en 2019 a été :

- ❍ a. Négociée par les partenaires sociaux.
- ❍ b. Imposée par l'État.

5 L'effort social de la Nation est :

- ❍ a. Le nombre de personnes bénéficiaires d'une prestation sociale en France.
- ❍ b. Le montant des investissements réalisés par les CAF pour développer le nombre de places en crèches.
- ❍ c. Le montant des dépenses de protection sociale rapporté au produit intérieur brut.

6 Le niveau des prélèvements obligatoires en France est :

- ❍ a. Supérieur à 18 % du PIB.
- ❍ b. Supérieur à 32 % du PIB.
- ❍ c. Supérieur à 45 % du PIB.

7 La PUMa est :

- ❍ a. La protection universelle maladie.
- ❍ b. La prime universelle minimale d'activité.
- ❍ c. La prime unique mobilité et autonomie.

8 L'Assurance maladie représente le 2e poste de dépenses de la Sécurité sociale :

- ❍ a. Vrai
- ❍ b. Faux

9 L'allocation pour adultes handicapés est versée à :

- ❍ a. Plus de 1 million de personnes.
- ❍ b. Plus de 2 millions de personnes.
- ❍ c. Plus de 5 millions de personnes.

⑩ **L'AGIRC et l'ARRCO :**

- ❍ a. Ont fusionné en 2019.
- ❍ b. Ont séparé leurs actifs en 2019.
- ❍ c. Ont été absorbées par la nouvelle caisse unique de retraite.

⑪ **En France, la natalité :**

- ❍ a. Est stable.
- ❍ b. Augmente.
- ❍ c. Diminue.

⑫ **Le DALO est :**

- ❍ a. Le droit aux allocations logement.
- ❍ b. Le droit à l'autonomie par le logement.
- ❍ c. Le droit au logement opposable.

⑬ **L'ANRU est :**

- ❍ a. L'Agence nationale pour le revenu universel.
- ❍ b. L'Agence nationale de rénovation urbaine.

⑭ **La loi ELAN :**

- ❍ a. Réforme les conditions de construction des logements sociaux.
- ❍ b. Crée le revenu universel d'activité.
- ❍ c. Réforme la prise en charge des personnes âgées dépendantes.

⑮ **Les Maisons France service seront :**

- ❍ a. Des guichets uniques permettant d'accueillir les administrés et de leur offrir un bouquet de services dans chaque canton.
- ❍ b. Des structures qui coordonneront les soins et les services autour des personnes malades et âgées.
- ❍ c. Des structures qui mettront les jeunes parents en lien avec les modes de garde disponibles pour leurs enfants.

Corrigé

1. b. ; 2. b. ; 3. b. ; 4. b. ; 5. c. ; 6. c. ; 7. a. ; 8. a. ; 9. a. ; 10. a. ; 11. c. ; 12. c. ;13. b. ; 14. b. ;15. a.

Abréviations

AAH : Allocation aux Adultes Handicapés
ACOSS : Agence Centrale des Organismes de Sécurité Sociale
ACS : Aide à la Complémentaire Santé
AEEH : Allocation d'Éducation pour l'Enfant Handicapé
AFPA : Association pour la Formation Professionnelle des Adultes
AGEFIPH : Association de GEstion du Fonds pour l'Insertion Professionnelle des personnes Handicapées
AGIRC : Association Générale des Institutions de Retraites des Cadres
ANRU : Agence Nationale de Rénovation Urbaine
APA : Allocation Personnalisée à l'Autonomie
ARRCO : Association pour le Régime de Retraite COmplémentaire des salariés
ASSEDIC : ASSociations pour l'Emploi Dans l'Industrie et le Commerce
CADA : Centre d'Accueil des Demandeurs d'Asile
CADES : Caisse d'Amortissement de la DEtte Sociale
CAF : Caisse d'Allocations Familiales
CCMSA : Caisse Centrale de Mutualité Sociale Agricole
CDD : Contrat à Durée Déterminée
CDI : Contrat à Durée Indéterminée
CGET : Commissariat Général à l'Égalité des Territoires
CHRS : Centre d'Hébergement et de Réinsertion Sociale
CIO : Centre d'Information et d'Orientation
CMU : Couverture Maladie Universelle
CNAMTS : Caisse Nationale d'Assurance Maladie des Travailleurs Salariés
CODEFI : COmité Départemental d'Examen des problèmes de FInancement des entreprises
COR : Conseil d'Orientation des Retraites
CPAM : Caisse Primaire d'Assurance Maladie
CRAM : Caisse Régionale d'Assurance Maladie
CRDS : Contribution au Remboursement de la Dette Sociale
CSG : Contribution Sociale Généralisée
CUI : Contrat Unique d'Insertion
DALO : Droit Au Logement Opposable
DATAR : Délégation à l'Aménagement du Territoire et à l'Action Régionale
DIRECCTE : DIrection Régionale des Entreprises, de la Concurrence et de la Consommation, du Travail et de l'Emploi
DIV : Délégation Interministérielle à la Ville

DREES : Direction de la Recherche, des Études, de l'Évaluation et des Statistiques du ministère des Affaires sociales
DRJSCS : Direction Régionale de la Jeunesse, des Sports et de la Cohésion Sociale
ESAT : Établissement ou Service d'Aide par le Travail
FNE : Fonds National pour l'Emploi
INSEE : Institut National des Statistiques et Études Économiques
LFSS : Loi de Financement de la Sécurité Sociale
MAP : Modernisation de l'Action Publique
MDPH : Maison Départementale des Personnes Handicapées
MEDEF : Mouvement Des Entreprises de France
MSA : Mutualité Sociale Agricole
OFII : Office Français de l'Immigration et de l'Intégration
ONDAM : Objectif National d'évolution des Dépenses d'Assurance Maladie
ONISEP : Office National d'Information Sur les Enseignements et les Professions
PAIO : Permanence d'Accueil, d'Information et d'Orientation
PAJE : Prestation d'Accueil du Jeune Enfant
PARE : Plan d'Aide au Retour à l'Emploi
PDI : Plan Départemental d'Insertion
PPAE : Projet Personnalisé d'Accès à l'Emploi
QPV : Quartiers prioritaires de la Politique de la Ville
RGPP : Révision Générale des Politiques Publiques
RME : Revenu Minimum d'Existence
RMI : Revenu Minimum d'Insertion
RSA : Revenu de Solidarité Active
RSI : Régime Social des Indépendants
SROS : Schéma Régional d'Organisation Sanitaire
T2A : Tarification À l'Activité (des hôpitaux)
UCANSS : Union des CAisses Nationales de Sécurité Sociale
UNEDIC : Union Nationale interprofessionnelle pour l'Emploi Dans l'Industrie et le Commerce
URSSAF : Union de Recouvrement des cotisations de Sécurité Sociale et d'Allocations Familiales

Achevé d'imprimer en janvier 2022 en France par Présence Graphique

Dépôt légal : janvier 2022 – N° éditeur : MAGSI20210152

PEFC 10-31-2677